墨人著

本全集保留作者手批手稿

墨人博士作品全集【全60冊】

第五十九冊 墨人新詩集(二) 哀祖國、山之禮讚

文史哲出版社印行

國家圖書館出版品預行編目資料

墨人博士作品全集 / 墨人著 -- 初版 -- 臺北
市:文史哲, 民 100.12
頁： 公分
ISBN 978-957-549-987-7 (全套 60 冊：平裝)

1.現代文學 2. 中國文學 3.別集

848.6 100022602

墨人博士作品全集【全60冊】

第五十九冊 墨人新詩集(二)哀祖國、山之禮讚

著　　者：墨　　人
出 版 者：文史哲出版社
http://www.lapen.com.tw
登記證字號：行政院新聞局版臺業字五三三七號
發 行 人：彭　正　雄
發 行 所：文史哲出版社
印 刷 者：文史哲出版社
臺北市羅斯福路一段七十二巷四號
郵政劃撥帳號：一六一八〇一七五
電話886-2-23511028・傳真886-2-23965656

【全60冊】定價新臺幣 36,800 元

中華民國一百年（2011）十二月初版

ISBN 978-957-549-987-7 08992

墨人博士著作品全集　總　目

一、散文類

二、長篇小說

三、中短篇小說散文合集

四、詩詞及論評

附：外篇

墨人的一部文學千秋史

張萬熙先生，筆名墨人，江西九江人，民國九年生。爲一位享譽國內外名小說家、詩人、學者。歷任軍、公、教職。六十五歲始自從國民大會簡任一級加年功俸的資料組長兼圖書館長公職崗位退休，但已是中國文壇上一位閃亮的巨星。出版有：《全唐詩尋幽探微》、《紅樓夢的寫作技巧》、一百九十多萬字的大長篇小說《紅塵》、《白雪青山》、《春梅小史》；詩集：《哀祖國》；散文集：《小園昨夜又東風》……。民國五十年、五十一年連續以短篇小說，兩次入選維也納納富出版公司出版的《世界最佳小說選集》。七十歲時自東吳大學中文系教席二度退休，仍著述不輟，爲國寶級文學家。墨人博士在臺勤於創作六十多年（在大陸時期已創作十年），並以其精通儒、釋、道之學養，綜理戎機、參贊政務、作育英才，更以其對傳統文學的精湛造詣，與對新文藝的創作，在國際上贏得無數榮譽，如：美國世界大學榮譽文學博士、美國馬奎士國際大學榮譽文學博士、美國艾因斯坦國際學院榮譽人文學博士（包括哲學、文學、藝術、語言四類）、英國劍橋國際傳記中心副總裁（代表亞洲）、英國莎士比亞詩、小說與人文學獎得主，現在出版《全集》中。

壹、家世．堂號

張萬熙先生，江西省德化人（今九江），先祖玉公，明末時以提督將軍身份鎮守雁門關，蒙古騎兵入侵，戰死於東昌，後封為「河間王」。其子輔公，進士出身，歷任文官。後亦奉召領兵「三定交趾」，因戰功而封為「定興王」。其子貞公亦有兵權，因受奸人陷害，自蘇州嘉定（即今上海市一區），謫居潯陽（今江西九江）。祖宗牌位對聯為：嘉定源流遠，潯陽歲月長；右書「清河郡」、左寫「百忍堂」。

貳、來臺灣的過程

民國三十八年，時局甚亂，張萬熙先生攜家帶眷，在兵荒馬亂人心惶惶時，張先生從湖南長沙火車站，先將一千多度的近視眼弱妻，與四個七歲以下子女，從車窗口塞進車廂，自己則擠在廁所內動彈不得，千辛萬苦的從湖南長沙搭火車南下廣州，從廣州登商輪來臺。七月三日抵基隆，由同學顧天一先生，接到臺北縣永和鎮鄉下暫住。

參、在臺灣一甲子奮鬥的過程

一、初到臺灣的生活

家小安頓妥後，張萬熙先生先到臺北萬華，一家新創刊的《經濟快報》擔任主編，但因財務不濟，四個月不到便草草結束。幸而另謀新職，舉家遷往左營擔任海軍總司令辦公室秘書，負責紀錄整理所有軍務會報紀錄。

民國四十六年，張先生自左營來臺北任職國防部史政局編纂《北伐戰史》（歷時五年多浩大工程，編成綠布面精裝本、封面燙金字《北伐戰史》叢書），完成後在「八二三」炮戰前夕又調任國防部總政治部，主管陸、海、空、聯勤文宣業務，四十七歲自軍中正式退役後轉任文官，在臺北市中山堂的國民大會主編研究世界各國憲法政治的十六開大本的《憲政思潮》，作者、譯者都是台灣大學、政治大學的教授、系主任，首開政治學術化先例。

張先生從左營遷到臺北大直海軍眷舍，只是由克難的甘蔗板隔間眷舍改爲磚牆眷舍，大小一般，但邊間有一片不小的空地，子女也大了，不能再擠在一間房屋內，因此，張先生加蓋了三間竹屋安頓他們。但眷舍右上方山上是一大片白色天主教公墓，在心理上有一種「與鬼爲鄰」的感覺。張夫人有一千多度的近視眼，她看不清楚，子女看見嘴裡不講，心裡都不舒服。張先生自軍中假退役後，只拿八成俸。

張先生因爲有稿費、版稅，還有些積蓄，除在左營被姓譚的同學騙走二百銀元外，剩下的積蓄還可以做點別的事。因爲住左營時在銀行裡存了不少舊臺幣，那時左營中學附近的土地只要三塊多錢一坪，張先生可以買一萬多坪。但那時政府的口號是「一年準備，兩年反攻，三年掃蕩，五年成功。」張先生信以爲真，三十歲左右的人還是「少不更事」，平時又忙著上班、寫作，實在不懂政治、經濟大事，以爲政府和「最高領袖」不會騙人，五年以內真的可以回大陸，張先生又有「戰士授田證」。沒想到一改用新臺幣，張先生就損失一半存款，呼天不應。但天理不容，姓譚的同學不但無后，也死了三十多年，更沒沒無聞。張先生作人、看人的準則是：無論幹什麼都是「誠信」第一，因果比法律更公平、更準。欺人不可欺心，否則自食其果。

二、退休後的寫作生活

張先生四十七歲自軍職退休後，轉任台北市中山堂國大會主編十六開大本研究各國憲法政治的《憲政思潮》十八年，時任簡任一級資料組長兼圖書館長。並在東吳大學兼任副教授二十年、香港廣大學院指導教授、講座教授、指導論文寫作、不必上課。六十四歲時即請求自公職提前退休，以業務重要不准，但取得國民大會秘書長（北京朝陽大學法律系畢業）何宜武先生的首肯，六十五歲依法退休。當時國民大會、立法院、監察院簡任一級主管多延至七十歲退休，因所主管業務富有政治性，與單純的行政工作不同，六十五歲時張先生雖達法定退休年齡，還是延長了四個月才正式退休，何秘書長宜武大惑不解地問張先生：「別人請求延長退休而不可得，你為什麼反而要求退休？」張先生答以「專心寫作」，何秘書長才坦然不疑。退休後日夜寫作，因胸有成竹，很快完成了一百九十多萬字的大長篇小說《紅塵》，在鼎盛時期的《臺灣新生報》連載四年多，開中國新聞史中報紙連載最大長篇小說先河。但報社還不敢出版，經讀者熱烈反映，才出版前三大冊。當年十二月即獲行政院新聞局「著作金鼎獎」與嘉新文化基金會「優良著作獎」，亦無前例。《台灣新生報》又出九十三章至一百二十二章，只好名為《續集》。墨人在書前題五言律詩一首：

浩劫未埋身，揮淚寫紅塵，非名非利客，孰晉孰秦人？
毀譽何清問？吉凶自有因。天心應可測，憂道不憂貧。

二〇〇四年初，巴黎 youfeng 書局出版豪華典雅的法文本《紅塵》，亦開「五四」以來中文作家大長篇小說進入西方文學世界重鎮先河。時為巴黎舉辦「中國文化年」期間，兩岸作家多由政府資助出席，張先生未獲任何資助，亦未出席，但法文本《紅塵》卻在會場展出，實為一大諷刺。張先生一生「只問耕耘，不問收穫」的寫作態度，七十多年來始終如一，不受任何外在因素影響。

肆、特殊事蹟與貢獻

一、《紅塵》出版與中法文學交流

《紅塵》寫作時間跨度長達一世紀，由清朝末年的北京龍氏家族的翰林第開始，寫到八國聯軍、滿清覆亡、民國初建、八年抗日、國共分治下的大陸與臺灣，續談臺灣的建設發展、開放大陸探親等政策。空間廣度更遍及大陸、臺灣、日本、緬甸、印度，是一部中外罕見的當代文學鉅著。墨人五十七歲時應邀出席在西方文藝復興聖地佛羅倫斯所舉辦的首屆國際文藝交流大會，會後環遊地球一周。七十歲時應邀訪問中國大陸四十天，次年即出版《大陸文學之旅》。《紅塵》一書最早於臺灣新生報連載四年多，並由該報連出三版，臺灣新生報易主後，將版權交由昭明出版社出版定本六卷。由於本書以百年來外患內亂的血淚史為背景，寫出中國人在歷史劇變下所顯露的生命態度、文化認知、人性的進取與沉淪，引起中外許多讀者極大共鳴與回響。

旅法學者王家煜博士是法國研究中國思想的權威，曾參與中國古典文學的法文百科全書翻譯工作，他認為深入的文化交流仍必須透過文學，而其關鍵就在於翻譯工作。從五四運動以來，中西文化交流一直是西書中譯的單向發展。直到九十年代文建會提出「中書外譯」計畫，臺灣作家才逐漸被介紹到西方，如此文學鉅著的翻譯，算是一個開始。

王家煜在巴黎大學任教中國上古思想史，他指出《紅塵》一書中所引用的詩詞以及蘊含中國思想的博大精深，是翻譯過程中最費工夫的部分。爲此，他遍尋參考資料，並與學者、詩人討論，歷時十年終於完成《紅塵》的翻譯工作，本書得以出版，感到無比的欣慰。他笑著說，這可說是「十年寒窗」。

《紅塵》法文譯本分上下兩大冊，已由法國最重要的中法文書局「友豐書店」出版。友豐負責人潘立輝謙沖寡言，三十年多來，因對中法文化交流有重大貢獻而獲得法國授予文化「騎士勳章」的榮譽。他於五年前開始成立出版部，成爲歐洲一家以出版中國圖書法文譯著爲主業的華人出版社。

潘立輝表示，王家煜先生的法文譯筆典雅、優美而流暢，使他收到「紅塵」譯稿時，愛得不忍釋手，他以一星期的時間一口氣看完，經常讀到凌晨四點。他表示出版此書不惜成本，不太可能賺錢，卻感到十分驕傲，因爲本書能讓不懂中文的旅法華人子弟，更瞭解自己文化根源的可貴之處，同時，本書的寫作技巧必對法國文壇有極大影響。

二、不擅作生意

張先生在六十五歲退休之前，完全是公餘寫作，在軍人、公務員生活中，張先生遭遇的挫折不少。軍職方面，張先生只升到中校就不做了，因爲過去稱張先生爲前輩、老長官的人都成爲張先生的上司，張先生怎麼能做？因爲張先生的現職是軍聞社資料室主任（他在南京時即任國防部新創立的「軍事新聞總社」實際編輯主任，因言守元先生是軍校六期老大哥，未學新聞，不在編輯之列）。但張先生以不求官，只求假退役，不擋人官路，這才退了下來。那時養來亨雞風氣盛行，在南京軍聞總社任外勤記者的姚秉凡先生頭腦靈活，他即時養來亨雞，張先生也「東施效顰」，結果將過去稿費積蓄全都賠光。

三、家庭生活與運動養生

張先生大兒子考取中國廣播公司編譯，結婚生子，廿七年後才退休，長孫修明取得美國南加州大學電機碩士學位，之後即在美國任電機工程師。五個子女均各婚嫁，小兒子選良以獎學金取得美國華盛頓大學化學工程博士，媳蔡傳惠爲伊利諾理工學院材料科學碩士，兩孫亦已大學畢業就業，落地生根。

張先生兩老活到九十一、九十二歲還能照顧自己。（近年以一印尼女「外勞」代做家事）張先生一伏案寫作四、五小時都不休息，與臺大外文系畢業的長子選翰兩人都信佛，六十五歲退休後即吃全素。低血壓十多年來都在五十五至五十九之間，高血壓則在一百一十左右，走路「行如風」，年輕人很多都跟不上張先生，比起初來臺灣時毫不遜色，這和張先生運動有關。因爲張先生住大直後山海軍眷舍八年，眷舍右上方有一大片白色天主教公墓，諸事不順，公家宿舍小，又當西曬，張先生靠稿費維持七口之家和五個子女的教育費。三伏天右手墊塡著毛巾，背後電扇長吹，三年下來，得了風濕病，手都舉不起來，花了不少錢都未治好。後來章斗航教授告訴張先生，圓山飯店前五百完人塚廣場上，有一位山西省主席閻錫山的保鑣王延年先生在教太極拳，勸張先生天一亮就趕到那裡學拳，一定可以治好。張先生一向從善如流，第二天清早就向王延年先生報名請教，王先生有教無類，收張先生這個年已四十的學生，王先生先不教拳，只教基本軟身功攀腿，卻受益非淺。

四、耿直的公務員性格

張先生任職時向來是「不在其位，不謀其政」。後來升簡任一級組長，有一位「地下律師」的專員，平時鑽研六法全書，混吃混喝，與西門町混混都有來往，他的前任爲大畫家齊白石女婿，平日公私不分，是非不明，借錢不還，沒有口德，人緣太差，又常約那位「地下律師」專員到家中打牌。那專員平日不簽到，甚至將簽到簿撕毀他都不哼一聲，因爲爲他多報年齡，屆齡退休時想更改年齡，但是得罪人太多，金錢方面更不清楚，所以不准再改年齡，組長由張先生繼任。

張先生第一次主持組務會報時，那位地下律師就在會報中攻擊圖書科長，張先生立即申斥，並宣佈記過。簽報上去處長都不敢得罪那地下律師，又說這是小事，想馬虎過去，張先生以秘書處名譽紀律爲重，非記過不可，讓他去法院告張先生好了。何宜武祕書長是學法的，他看了張先生簽呈同意記過，那位地下律師「專員」不但不敢告，只暗中找一位不明事理的國大「代表」來找張先生的麻煩。因事先有人告訴他，張先生完全不理那位代表，他站在張先生辦公室門口不敢進來，幾分鐘後悄然而退。人不怕鬼，鬼就怕人。諺云：「一正壓三邪」，這是經驗之談。直到張先生退休，那位專員都不敢惹事生非，西門町流氓也沒有找張先生的麻煩，當年的代表十之八九已上「西天」，張先生活到九十二歲還走路「行如風」，一坐到書桌，能連續寫作四、五小時而不倦，不然張先生怎麼能在兩岸出版約三千萬字的作品？

（原載新文豐《紮根台灣六十年》，墨人民國一百年十一月十三日校正）

墨人博士作品全集

文學是千秋藝業
秦皇漢武今何在
李白杜甫仍風流

全集共分四大類
一、散文類 二、小說類
三、文學理論類
四、新詩古典詩詞類

我出生於一個「萬般皆下品，惟有讀書高」的傳統文化家庭，且深受佛家思想影響，因祖母信佛，兩個姑母先後出家，大姑母是帶著賠嫁的錢購買依山傍水風景很好，上名山廬山的必經之地的「天后宮」出家的，小姑母的廟則在鬧中取靜的市區。我是父母求神拜佛後出生的男子，並寄名佛下，乳名聖保，上有二姊下有一妹都夭折了，在那個重男輕女的時代！我自然水漲船高了。我記得四、五歲時一位面目清秀，三十來歲文質彬彬的李瞎子替我算命，母親問李瞎子，我的命根穩不穩？能不能養大成人？李瞎子說我十歲行運，幼年難免多病，可以養大成人，但是會遠走高飛。母親聽了憂喜交集，在那個時代不但妻以夫貴。也以子貴，有兒子在身邊就多了一層保障。母親的心理壓力很大，李瞎子的「遠走高飛」那句話可不是一句好話。

到現在八十多年了，我還記得十分清楚。母親暗自憂心。何況科舉已經廢了，不必「進京趕考」，更不會「當兵吃糧」，安安穩穩作個太平紳士或是教書先生不是很好嗎？我們張家又是大族，人多勢眾，不會受人欺侮，何況二伯父的話比法律更有權威，人人敬仰，去外地「打流」又有什麼好處？因此我剛滿六歲就正式拜孔夫子入學啓蒙，從《三字經》、《百家姓》、《千字文》、《千家詩》、《論語》、《大學》、《中庸》……《孟子》、《詩經》、《左傳》讀完了都要整本背，在十幾位學生中，也只有我一人能背，我背書如唱歌，窗外還有人偷聽，他們實在缺少娛樂。除了我父親下雨天會吹吹笛子、簫，消遣之外，沒有別的娛樂，我自幼歡喜絲竹之音，但是很少聽到。讀書的人也只有我們三房、二房兩兄弟，二伯父在城裡當紳士，偶爾下鄉排難解紛，他是一族之長，更受人尊敬，因為他大公無私，又有一百八十公分左右的身高，眉眼自有威嚴，能言善道，他的話比法律更有效力，加之民性純樸，真是「夜不閉戶，道不失遺」。只有「夏都」廬山才有這麼好的治安。我十二歲前就讀完了四書、詩經、左傳、千家詩。我最喜歡的是《千家詩》和《詩經》。

關關雎鳩，在河之洲，
窈窕淑女，君子好逑。

我覺得這種詩和講話差不多，可是更有韻味。我就喜歡這個調調。《千家詩》我也喜歡，我背得更熟。開頭那首七言絕句詩就很好懂：

雲淡風清近午天，傍花隨柳過前川。
時人不識余心樂，將謂偷閒學少年。

老師不會作詩，也不講解，只教學生背，我覺得這種詩和講話差不多，但是更有韻味。我也了解大意，我以讀書爲樂，不以爲苦。這時老師方教我四聲平仄，他所知也止於此。

我也喜歡《詩經》，這是中國最古老的詩歌文學，是集中國北方詩歌的大成。可惜三千多首被孔子刪得只剩三百首。孔子的目的是：「詩三百，一言以蔽之，曰思無邪。」孔老夫子將《詩經》當作教條。詩是人的思想情感的自然流露，是最可以表現人性的。先民質樸，孔子既然知道「食色性也」，對先民的集體創作的詩歌就不必要求太嚴，以免喪失許多文學遺產和地域特性。楚辭和詩經不同，就是地域特性和風俗民情的不同。文學藝術不是求其同，而是求其異。這樣才會多彩多姿。文學不應成爲政治工具，但可以移風易俗，亦可淨化人心。我十二歲以前所受的基礎教育，獲益良多，但也出現了一大危機，沒有老師能再教下玄。幸而有一位年近二十歲的姓王的學生在廬山一未立案的國學院求學，他問我想不想去？我自然想去，但廬山夏涼，冬天太冷，父親知道我的心意，並不反對，他對新式的人手是刀尺的教育沒有興趣，我便在飄雪的寒冬同姓王的爬上廬山，我生在平原，這是第一次爬上高山。

在廬山我有幸遇到一位湖南岳陽籍的閻毅字任之的好老師，他只有三十二歲，飽讀詩書，與民國初期的江西大詩人散原老人唱和，他的王字也寫的好。有一天他要六七十位年齡大小不一的學生各寫一首絕句給他看，我寫了一首五絕交上去，廬山松樹不少，我生在平原是看不到松樹的，我是即景生情，信手寫來，想不到閻老師特別將我從大教室調到他的書房去，在他右邊靠牆壁另加一桌一椅，教我讀書寫字，並且將我的名字「熹」改爲「熙」，視我如子。原來是他很欣賞我那首五絕中的「疏松月影亂」這一句。我只有十二歲，不懂人情世故，也不了解他的深意。時任漢口市長張群的侄子張繼文還小我一歲，卻是個天不怕、地不怕的小太保，江西省主席熊式輝的兩個小舅子大我幾歲，閻老師的侄子卻高齡二十八歲。學歷也很懸殊，有上過大學的、高中的，多是對國學有興趣，支持學校的袞袞諸公也都是有心人士，新式學校教育日漸西化，國粹將難傳承，所以創辦了這樣一個尚未立案的國學院，也未大張旗鼓正式掛牌招生，但聞風而至的要人子弟不少，校方也本著「有教無類」的原則施教，閻老師也是義務施教，他與隱居廬山的要人嚴立三先生也有交往。（抗日戰爭一開始嚴立三即出山任湖北省主席，諸閻老師任省政府秘書，此是後話。）同學中權貴子弟亦多，我雖不是當代權貴子弟，但九江先組玉公以提督將軍身分抵抗蒙古騎兵入侵雁門關戰死東昌（雁門關內北京以西縣名，一九九〇年我應邀訪問大陸四十天時去過。）而封河間王；其子輔公。

以進士身分出仕，後亦應昭領兵三定交趾而封定興王；其子貞公亦有兵權，因受政客讒害而自嘉定謫居潯陽。大詩人白居易亦曾謫爲江州司馬，我另一筆名即用江州司馬。我是黃帝第五子揮的後裔，他因善造弓箭而賜姓張。遠祖張良是推薦韓信爲劉邦擊敗楚霸王項羽的漢初三傑之首。他有知人之明，深知劉邦可以共患難，不能共安樂，所以悄然引退，作逍遙遊，不像韓信爲劉邦拼命打天下，立下汗馬功勞，雖封三齊王卻死於未央宮呂后之手。這就是不知進退的後果。我很敬佩張良這位遠祖，抗日戰爭初期（一九三八）我爲不作「亡國奴」，即輾轉赴臨時首都武昌以優異成績考取軍校，一位落榜的姓熊的同學帶我們過江去漢口。中共未公開招生的「抗日大學」（當時國共合作抗日，中共在漢口以「抗大」名義吸收人才。）辦事處參觀，接待我們的是一位讀完大學二年級才貌雙全，口才奇佳的女生獨對我說負責保送我免試進「抗大」一期，因未提其他同學，我不去。一年後我又在軍校提前一個月畢業，因我又考取陪都重慶中央政府培養高級軍政幹部的中央訓練團，而特設的新聞「新聞研究班」第一期，與我同期的有爲新詩奉獻心力的覃子豪兄（可惜五十二歲早逝）和中央社東京分社主任兼國際記者協會主席的李嘉兄。他在我訪問東京時曾與我合影留念，並親贈我精裝《日本專欄》三本。他七十歲時過世，這兩張照片我都編入「全集」一百九十多萬字的空前大長篇小說（紅塵）照片類中。而今在台同學只有兩位了。

民國二十八年（一九三九）九月我以軍官、記者雙重身分，奉派到第三戰區最前線的第三十二集團軍上官雲相總部所在地，唐宋八大家之一，又是大政治家王安石，尊稱王荊公的家鄉臨川，（屬撫州市）作軍事記者，時年十九歲，因第一篇戰地特寫《臨川新貌》經第三戰區長官都主辦的行銷甚廣的《前線日報》發表，隨即由淪陷區上海市美國人經營的《大美晚報》轉載，而轉爲文學創作，因我已意識到新聞性的作品易成「明日黃花」，文學創作則可大可久，我爲了寫大長篇《紅塵》、六十四歲時就請求提前退休，學法出身的秘書長何宜武先生大惑不解，他對我說：

「別人想幹你這個工作我都不給他，你爲什麼要退？」我幹了十幾年他只知道我是個奉公守法的張萬熙，不知道我是「作家」墨人，有一次國立師範大學校長劉真先生告訴他張萬熙就是墨人，劉校長看了我在當時的「中國時報」發表的幾篇有關中國文化的理論文章，他希望我繼續寫，劉校長真是有心人。沒想到他在何宜武秘書長面前過獎，使我不能提前退休，要我幹到六十五歲多四個月才退了下來。現在事隔二十多年我才提這件事。鼎盛時期的(台灣新生報)連載四年多的拙作《紅塵》出版前三冊時就同時獲得新聞局著作金鼎獎和嘉新文化基金會「優良著作獎」，劉真校長也是嘉新文化基金會的評審委員之一，他一定也是投贊成票的。「世有伯樂而後有千里馬」。我九十二歲了，現在經濟雖不景氣，但我還是重讀重校了拙作「全集」我一向只問耕耘，不問收穫，我歷任軍、公、教三種性質不同的職務，經過重重考核關卡，寫作七十三年，經過編者的考核更多，我自己從來不辦出版社。我重視分工合作。我頭腦清醒，是非分明，歷史人物中我更敬佩遠祖張良，不是劉邦。張良的進退自如我更歎服。在政治角力場中要保持頭腦清醒，人性尊嚴並非易事。我們張姓歷代名人甚多，我對遠祖張良的進退自如尤爲歎服，因此我將民國四十年在台灣出生的幼子依譜序取名選良。他早年留美取得化學工程博士學位，雖有獎學金，但生活仍然艱苦，美國地方大，出入非有汽車不可，這就不是獎學金所能應付的，我不能不額外支持，他取得化學工程博士學位與取得材料科學碩士學位的媳婦蔡傳惠雙雙回台北探親，且各有所成，幼子曾研究生產了飛機太空船用的抗高溫的纖維，媳婦則是一家公司的經理，下屬多是白人，兩孫亦各有專長，在台北出生的長孫是美國南加州大學的電機碩士，在經濟不景氣中亦獲任工程師，我不要第三代走這條文學小徑，是現實客觀環境的教訓，我何必讓第三代跟我一樣忍受生活的煎熬，這會使有文學良心的人精神崩潰的。我因經常運動，又吃全素二十多年，九十二歲還能連寫四、五小時而不倦。我寫作了七十多年，也苦中有樂，但心臟強，又無高血壓，一是得天獨厚，二是生活自我節制，我到現在血壓還是60－110之間，沒有變動，寫作也少戴老花眼鏡，走路仍然「行如風」，十分輕快，我在國民大會主編《憲政思潮》十八年，看到不少在大陸選出來的老代表，走路兩腳在地上蹉跎，這就來日不多了。個人的健康與否看他走路就可以判斷，作家寫作如在八十歲以後還不戴老花眼鏡，沒有高血壓，長命百歲絕無問題。如再能看輕名利，不在意得失，自然是仙翁了。健康長壽對任何人都很重要，對詩人作家更重要。

一九九〇年我七十歲應邀訪問大陸四十天作「文學之旅」時，首站北京，我先看望已九十高齡的老前輩散文作家，大家閨秀型的風範，平易近人，不慍不火的冰心，她也「勞改」過，但仍心平氣和。本來我也想看看老舍，但老舍已投湖而死，他的公子舒乙是中國現代文學館的副館長，他也出面接待我，還送了我一本他編寫的《老舍之死》，隨後又出席了北京詩人作家與我的座談會，參加七十賤辰的慶生宴，彈指之間卻已二十多年了。我訪問大陸四十天，次年即由台北「文史哲出版社」出版照片文字俱備的四二五頁的《大陸文學之旅》。不虛此行。大陸文友看了這本書的無不驚異，他們想不到我七十一高齡還有這樣的快筆，而又公正詳實。他們不知我行前的準備工作花了多少時間，也不知道我一開筆就很快。

我拜會的第二位是跌斷了右臂的詩人艾青，他住協和醫院，我們一見如故，他是浙江金華人，卻體格高大，性情直爽如燕趙之士，完全不像南方金華人。我們一見面他就緊握著我的手不放，侃侃而談，我不知道他編《詩刊》時選過我的新詩。在此之前我交往過的詩人作家不少，沒有像他如此豪放真誠，我告別時他突然放聲大哭，陪我去看他的北京新華社社長族侄張選國先生，陪我四十天作《大陸文學之旅》的廣州電視台深圳站站長高麗華女士，文字攝影記者譚海屏先生等多人，不但我爲艾青感傷，陪同我去看艾青的人也心有戚戚焉，所幸他去世後安葬在八寶山中共要人公墓，他是大陸唯一的詩人作家有此殊榮。台灣單身詩人同上校軍文黃仲琮先生，死後屍臭才有人知道，他小我二歲，如我不生前買好八坪墓地，連子女也只好將我兩老草草火化，這是與我共患難一生的老伴死也不甘心的，抗日戰爭時她父親就是我單獨送上江西南城北門外義山土葬的。這是中國人「入土爲安」的共識。也許有讀者會問這和文學創作有什麼關係？但文學創作不是單純的文字工作，而是作者整個文化觀、文學觀，人生觀的具體表現，不可分離。詩人作家不能「瞎子摸象」，還要有「舉一反三」的能力。我做人很低調。寫作也不唱高調，但也會作不平之鳴、仗義直言。我不鄉愿，我重視一步一個腳印，「打高空」可以譁眾邀寵於一時，但「旁觀者清」，讀者中藏龍臥虎，那些不輕易表態的多是高人。高人一旦直言不隱，會使洋洋自得者現出原形。作品一旦公諸於世，一切後果都要由作者自己負責，這也是天經地義的事。

我寫作七十多年無功無祿，我因熬夜寫作頭暈住馬偕醫院一個星期也沒有人知道，更不像大陸的當代作家、詩人是有給制，有同教授的待過，而稿費、版稅都歸作者所有。依據民國九十八年一月十日「中國時報」A十四版「二〇〇八年中國作家富豪榜單」二十五名收入人民幣的數字統計，第一高的郭敬明一年是一千三百萬人民幣，第二名鄭淵潔是一千一百萬人民幣，第三名楊紅櫻是九百八十萬人民幣。最少的第二十五名的李西閩也有一百萬人民幣，以人民幣與台幣最近的匯率近一比四・五而言，現在大陸作家一年的收入就如此之多，是我一九九〇年應邀訪問大陸四十天作文學之旅時所未想像到的，而現在的台灣作家與我年紀相近的二十年前即已停筆，原因之一是發表出版兩難，二是年齡太大了。民國九十八年（二〇〇九）以前就有張漱菡（本名欣禾）、尹雪曼、劉枋、王書川、艾雯、嚴友梅六位去世，嚴友梅還小我四、五歲，小我兩歲的小說家楊念慈則行動不便，鬍鬚相當長，可以賣老了。我托天佑，又自我節制，二十多年來吃全素，又未停止運動，也未停筆，最近在台北榮民總醫院驗血檢查，健康正常。我也有我的養生之道，每天吃枸杞子明目，吃南瓜子抑制攝護腺肥大，多走路、少坐車，伏案寫作四、五小時而不疲倦，此非一日之功。

民國九十八（二〇〇九）己丑，是我來台六十周年，這六十年來只搬過兩次家，第一次從左營搬到台北大直海軍眷舍，在那一大片天主教白色公墓之下，我原先不重視風水，也無錢自購住宅，想不到鄰居的子女有得神經病的，有在金門車禍死亡的，大人有坐牢的，有槍斃的，也有得神經病的，我退役養雞也賠光了過去稿費的積蓄，讀台大外文系的大兒子也生病，我則諸事不順，直到搬到大屯山下坐北朝南的兩層樓的獨門獨院自宅後，自然諸事順遂，我退休後更能安心寫作，遠離台北市區，真是「市遠無兼味，地僻客來稀。」同里鄰的多是市井小民，但治安很好，誰也不知道我是爬格子的，連警察先生也不光顧舍下，除了近十年常有人打電話來騙我，幸未上大當外，我安心過自己的生活。當年「移民潮」去不了美國的也會去加拿大，我是「美國人」的祖父，我不移民美國，更別說去加拿大了。娑婆世界無常，早年即移民美國的琦君（本名潘希真）、彭歌，最後還是回到台灣來了，這不能說台灣是「天堂」，以我的體驗而言是台北市氣候宜人，夏天三十四度以上的日子少，冬天十度以下的日子也很少，老年人更不能適應零度以下的氣溫，我只有冬天上大屯山、七星山頂才能見雪。有高血壓、心臟病的老人更不能適應。我不想做美國公民，做台灣平民六十多年，也沒有自卑感。

娑婆世界是一個無常的世界，天有不測風雲，人有旦夕禍福，老子早說過：「福兮禍所倚，禍兮福所伏。」禍福無門，唯人自招。我一生不起歪念，更不損人利己，與人爲善。雖常吃暗虧，只當作上了一課。這個花花世界是我學不完的大教室，萬丈紅塵其中也有黑洞，我心存善念，更不造文字孽，不投機取巧，不違背良知，蒼天自有公斷，我本著文學良心寫作，盡其在我而已，讀者是最好的裁判。

民國一〇〇年（二〇一一）辛卯七月二十九日下午六時二十三分於紅塵寄廬

1951 年墨人 31 歲與夫人曾麗春女士（30 歲）結婚十周年紀念合影於左營

墨人博士七十壽辰與夫人曾麗春女士合影。此照為大翻譯家、文學理論家黃文範先生所攝，並在照片背後題「南山北海惟仁者壽」。

民國二十九年（1940）作者
墨人在江西南城戎裝照。

1939 年墨人即自戰時陪都四川重慶奉派至江西臨川王安石家鄉，第三戰區前線任軍事記者創辦軍報，提供抗日官兵精神食糧。時年 19 歲。

2010 年「五四」作者墨人 91 歲在花蓮和南寺家人合影

2003 年 8 月 26 日作者墨人（中）在含鄱口觀山景點與
作者長女韻華、長子選翰、三女韻湘、二女韻真合影。

2005 年 2 月作者次子選良（右一）回台北與父（右二）及
作者夫人（中）三女韻湘（左二）二女韻真（左一）合影。

作者墨人在書房留影，時年八十五歲。

《墨人博士大長篇小說〈紅塵〉法文譯本封面照片》

Marquis Giuseppe Scicluna (1855-1907)
International University Foundation (Founded 1973)

21st June, 1988.

Protocol:61/88/MDA/CWHMO/MLA

Prof. Wan-Hsi Mo Jen Chang
14, Alley 7, Ln. 502
Chung-Hoe St.
Peitou, Taipei, Republic of China

Dear Professor Chang,

This is to certify that today the twenty-first day of the month of June, in the year of our Lord Nineteen Hundred and Eighty-eight, you have been awarded the degree of Doctor of Literature (Honoris Causa) - D.Litt.(Hon.) with all the honors, rights, privileges and dignity pertaining to such a degree.

Yours sincerely,

Marcel Dingli-Attard
de' baroni Inguanez

Dr. Marcel Dingli-Attard
de' baroni Inguanez,
Registrar and General Secretary.

ANIMO ET FIDE

1988 年美國馬奎士國際大學基金會，授予張萬熙墨人教授榮譽文學博士學位證書。

ACCADEMIA ITALIA
ASSOCIAZIONE INTERNAZIONALE
PER LA DIFFUSIONE E IL PROGRESSO DELLA
UNIVERSITÀ DELLE ARTI

DIPLOMA DI MERITO

per la particolare rilevanza dell'opera svolta nel campo della Letteratura

conferito a

Chang Wan Hsi

Il Rettore
Nicola Pampinella

Salsomaggiore Terme, addì 20.12.1982

義大利出版英、法、德、義四種文字的「國際文學史」的 ACCADEMIA ITALIA, 1982 年授予墨人的文學功績證書。

Albert Einstein (1879-1955)
International Academy Foundation (Founded 1965)

25th May, 1990.

Prof. Dr. Wan-Hsi Mo Jen Chang, D.Litt.(Hon.)
14, Alley 7, Ln. 502
Chung-Hoe St.
Peitou
Taipei, Republic of China

Dear Professor Chang,

This is to certify that today the Twenty-Fifth day of the month of May, in the year of our Lord Nineteen Hundred and Ninety, you have been awarded the degree of Doctor of Humanities (Honoris Causa) - D.H.(Hon.) with all the honors, rights, privileges, and dignity pertaining to such a degree.

Yours sincerely,

Marcel Dingli-Attard
de' baroni Inguanez

Dr. Marcel Dingli-Attard
de' baroni Inguanez,
President of AEIAF and
Special Representative of International Association of Educators for World Peace, NGO, United Nations (ECOSOC) & UNESCO, to AEIAF.

Protocol:6/90/AEIAF/MDA/W-HMJC/KS

1990 年美國愛因斯坦國際學院基金會授予張萬熙墨人教授榮譽人文學（含哲學文學藝術語言四種）博士學位

WORLD UNIVERSITY ROUNDTABLE
In Corporate Affiliation with the World University

Greetings

In recognition of Distinguished Achievement within the principles and purposes of the World University development, the Trustees of the Corporation, upon the nomination of the Secretariat, confer doctoral membership and this honorary award upon

Chang Wan-Hsi (Mo Jen)

The Cultural Doctorate in Literature

with all rights and privileges there to pertaining.

Witness our hand and seal at
International Secretariat
Regional Campus, Benson, Ar
April 17, 1989

President of the Board of Trustees

Secretary of the Board of Trustees

1989 年美國世界大學授予張萬熙墨人榮譽文學博士學位，文化大學創辦人張其昀（曉峰）先生亦獲此榮譽。

THIS PICTORIAL TESTIMONIAL OF ACHIEVEMENT AND DISTINCTION proclaims throughout the world that

DR. CHANG WAN-HSI (MO JEN)

is the recipient of the above-mentioned Honour, granted by the Board of Editors of the

2000 OUTSTANDING SCHOLARS OF THE 20TH CENTURY

meeting in Cambridge, England, on the date set out below, AND that the Board also resolves that a portrait photograph of

DR. CHANG WAN-HSI (MO JEN)

be attached to this Testimonial as verification of the Honour bestowed.

2000 OUTSTANDING SCHOLARS OF THE 20TH CENTURY

First Edition

Signed and sealed on the 14th December 1999

Authorized Officer

1999年10月張萬熙墨人博士榮登英國劍橋國際傳記中心《二十世二千位傑出學者》第一版證書。

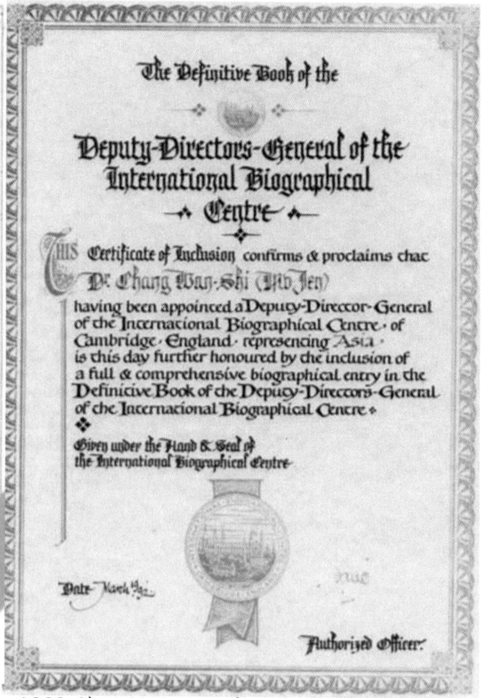
The Definitive Book of the

Deputy-Directors-General of the International Biographical Centre

THIS Certificate of Inclusion confirms & proclaims that

Dr Chang Wan-shi (Mo Jen)

having been appointed a Deputy-Director-General of the International Biographical Centre of Cambridge, England, representing Asia, is this day further honoured by the inclusion of a full & comprehensive biographical entry in the Definitive Book of the Deputy-Directors-General of the International Biographical Centre.

Given under the Hand & Seal of the International Biographical Centre

Date

Authorized Officer

1992英國劍橋國際傳記中心（I.B.C.）任張萬熙墨人博士為代表亞洲的副總裁。

THE INTERNATIONAL SHAKESPEARE AWARD FOR LITERARY ACHIEVEMENT

This Illuminated Certificate of Merit commemorates and celebrates the life and work of

Dr. Chang Wan-Hsi (Mo Jen) DDG

and is therefore a rightful recipient of the Shakespeare Award for Literary Achievement and as such stands testament to the efforts made by said individual in the arena of

Poetry, Novels and the Humanities

Witnessed on the date set out below by the Officers of the International Biographical Centre at its Headquarters in Cambridge, England and signed by the Director General and Editor-In-Chief.

16th March 2009

Director General　　Editor-In-Chief

2009年3月16日英國劍橋國傳記中心總裁與總編輯聯合授予張萬熙墨人博士國際莎士比亞文學成就獎。

International Biographical Centre Cambridge CB2 3QP England
Telephone: +44 (0) 1353 646600 Facsimile: +44 (0) 1353 646601

IBC

REF : LAA/MED/MW-13640

13 November 2002

Dr Chang Wan-Hsi (Mo Jen) DDG
14 Alley 7, Lane 502
Chung Ho Street
Peitou
Taipei
Taiwan

Dear Dr Chang

Please find enclosed the Medal in respect of the **Lifetime Achievement Award** which I hope meets with your approval.

Yours sincerely

MICHELLE WHITEHALL
Personal Assistant to the Director General

Enc

英國劍橋國傳記中心(I.B.C.)2002年頒發詩人作家張萬熙（墨人）博士終身成就獎，英文信及金牌正反面照片墨人早年即被I.B.C.推選為副總裁。

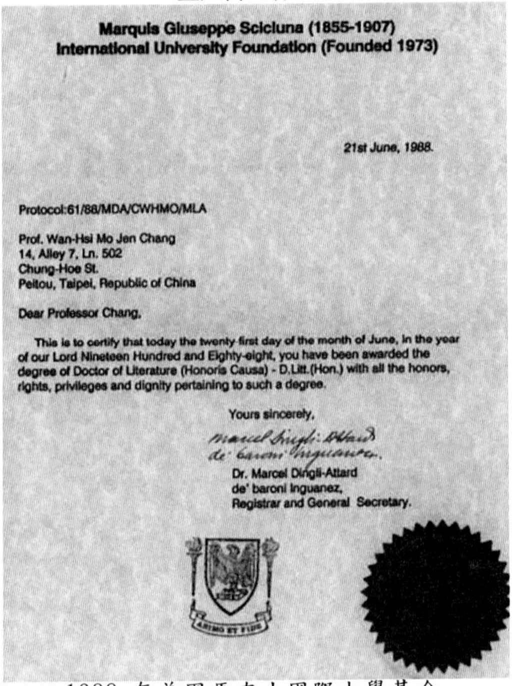

Marquis Giuseppe Scicluna (1855-1907)
International University Foundation (Founded 1973)

21st June, 1988.

Protocol:61/88/MDA/CWHMO/MLA

Prof. Wan-Hsi Mo Jen Chang
14, Alley 7, Ln. 502
Chung-Hoe St.
Peitou, Taipei, Republic of China

Dear Professor Chang,

This is to certify that today the twenty-first day of the month of June, in the year of our Lord Nineteen Hundred and Eighty-eight, you have been awarded the degree of Doctor of Literature (Honoris Causa) - D.Litt.(Hon.) with all the honors, rights, privileges and dignity pertaining to such a degree.

Yours sincerely,

Dr. Marcel Dingli-Attard
de' baroni Inguanez,
Registrar and General Secretary.

1988 年美國馬奎士國際大學基金會，授予張萬熙墨人教授榮譽文學博士學位證書。

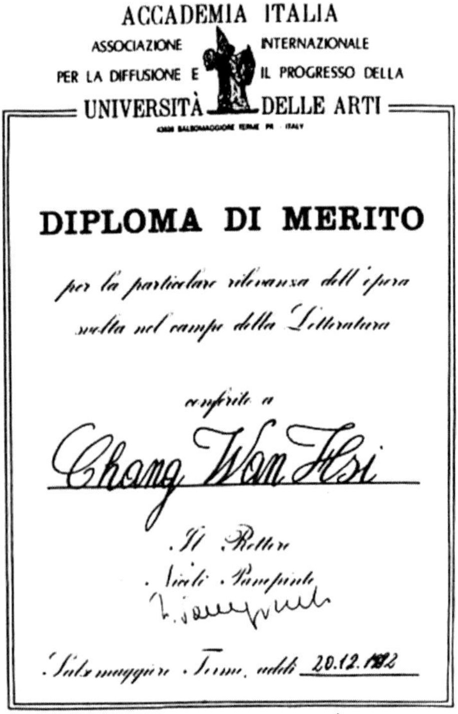

ACCADEMIA ITALIA
ASSOCIAZIONE INTERNAZIONALE
PER LA DIFFUSIONE E IL PROGRESSO DELLA
UNIVERSITÀ DELLE ARTI

DIPLOMA DI MERITO

per la particolare rilevanza dell'opera svolta nel campo della Letteratura

conferito a

Chang Wan Hsi

Il Rettore

Salsomaggiore Terme, addì 20.12.1982

義大利出版英、法、德、義四種文字的「國際文學史」的 ACCADEMIA ITALIA, 1982 年授予墨人的文學功績證書。

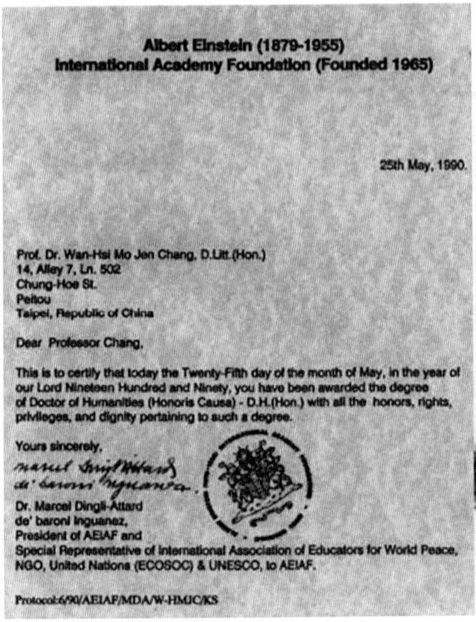

Albert Einstein (1879-1955)
International Academy Foundation (Founded 1965)

25th May, 1990.

Prof. Dr. Wan-Hsi Mo Jen Chang, D.Litt.(Hon.)
14, Alley 7, Ln. 502
Chung-Hoe St.
Peitou
Taipei, Republic of China

Dear Professor Chang,

This is to certify that today the Twenty-Fifth day of the month of May, in the year of our Lord Nineteen Hundred and Ninety, you have been awarded the degree of Doctor of Humanities (Honoris Causa) - D.H.(Hon.) with all the honors, rights, privileges, and dignity pertaining to such a degree.

Yours sincerely,

Dr. Marcel Dingli-Attard
de' baroni Inguanez,
President of AEIAF and
Special Representative of International Association of Educators for World Peace, NGO, United Nations (ECOSOC) & UNESCO, to AEIAF.

Protocol:6/90/AEIAF/MDA/W-HMJC/KS

1990 年美國愛因斯坦國際學院基金會授予張萬熙墨人教授榮譽人文學（含哲學文學藝術語言四種）博士學位

WORLD UNIVERSITY ROUNDTABLE
In Corporate Affiliation with the World University
Greetings
In recognition of Distinguished Achievement within the principles and purposes of the World University development, the Trustees of the Corporation, upon the nomination of the Secretariat, confer doctoral membership and this honorary award upon
Chang Wan-Hsi (Mo Jen)
The Cultural Doctorate in Literature
with all rights and privileges there to pertaining.

Witness our hand and seal at the International Secretariat
Regional Campus, Benson, Arizona
April 17, 1989

President of the Board of Trustees
Secretary of the Board of Trustees

1989 年美國世界大學授予張萬熙墨人榮譽文學博士學位，文化大學創辦人張其昀（曉峰）先生亦獲此榮譽。

1999 年 10 月張萬熙墨人博士榮登英國劍橋國際傳記中心《二十世二千位傑出學者》第一版證書。

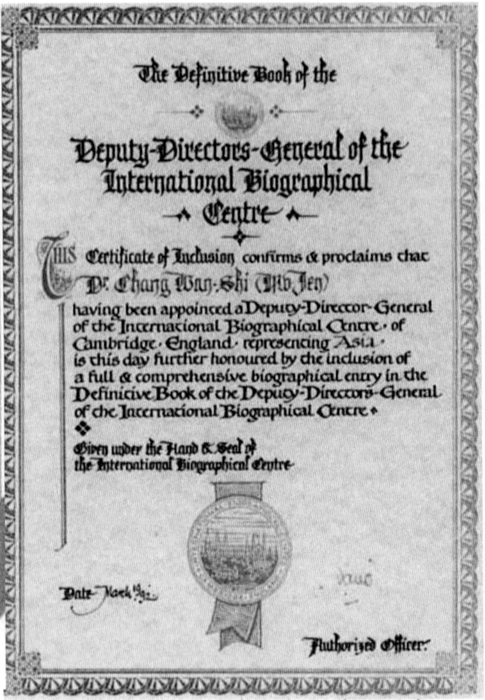

1992 英國劍橋國際傳記中心（I.B.C.）任張萬熙墨人博士為代表亞洲的副總裁。

2009 年 3 月 16 日英國劍橋國傳記中心總裁與總編輯聯合授予張萬熙墨人博士國際莎士比亞文學成就獎。

International Biographical Centre Cambridge CB2 3QP England
Telephone: +44 (0) 1353 646600 Facsimile: +44 (0) 1353 646601

IBC

REF : LAA/MED/MW-13640

13 November 2002

Dr Chang Wan-Hsi (Mo Jen) DDG
14 Alley 7, Lane 502
Chung Ho Street
Peitou
Taipei
Taiwan

Dear Dr Chang

Please find enclosed the Medal in respect of the **Lifetime Achievement Award** which I hope meets with your approval.

Yours sincerely

MICHELLE WHITEHALL
Personal Assistant to the Director General

Enc

英國劍橋國傳記中心(I.B.C.) 2002 年頒發詩人作家張萬熙（墨人）博士終身成就獎，英文信及金牌正反面照片墨人早年即被 I.B.C.推選為副總裁。

墨人新詩集(二)——哀祖國、山之禮讚 目次

哀祖國 目次

山之禮讚 目次

還君明珠雙淚垂

謹以此收藏舊書
修補以贈原作者

墨人先生

舒蘭 敬贈

72.12.20

墨人補註：

舒蘭詩友使拙作全集少失一本，至深感謝。我生逢亂世，苟全性命計劃總徹求全之全的不全集，更顯人性大患！

一〇九年九月二日補註於紅塵寄廬

哀祖國

前記

從大陸來到台灣，轉眼間又快三年了。「少年子弟江湖老」，我個人的確有這種感覺。

為了紀念我們的國家和我自己的這一段艱辛歲月，我特地把在台灣寫的這一點點詩編印成集，並定名為「哀祖國」。同時為了和過去在大陸的作品在時間上空間上有一個顯明的分界，所以我把「自由的火燄」第一輯里的七首詩也一併編到這個集子里來。一方面也就便解決了那個集子再版時一部份困難。

這個集子里的四十九首詩在風格和手法上是不盡相同的。為了各詩內容性質的互異，不得不運用各種不同的手法，因之風格亦無法勉強統一。事實上我也不願意接受任何主義宗派的束縛，因為新詩的本身就是一種創造，我想從不斷的嘗試中創造出一種適合大衆的要求，為大衆所能欣賞接受的新詩來。

「自由的火燄」是自費出版的，這本集子的出版仍然是自費。作一個產婦是痛苦的，產婦而又兼接生自然更其痛苦。我是咬着牙齒寫詩，更是咬着牙齒出詩集的，我爲我自己嘆息，更爲中國文化嘆息。W．惠特曼的那種榮幸，中國詩人無論在生前死後都不會有的。生在現在這種淺近庸俗的功利主義的社會里，詩人能不被人目爲瘋癲，能不餓死那就是最大的榮幸了。

至於這本詩集有沒有存在的價值？那不是我所要說的話，還是讓讀者去考驗，讓時間去考驗吧。

墨人 四一、四、一一、台灣左營
（一九五二）

詩人與詩

1

詩是痛苦的心靈底音響，詩人是苦難底象徵。

2

詩是人生底最高境界，詩人却在十八層地獄生活。

3

詩人之於社會是予而不是取，吸血鬼決不寫詩。

4

官僚市儈也許會寫詩？但官僚市儈是官僚市儈；詩人是詩人，不是官僚市儈。

5

詩人不是弱者，詩人是最勇敢的戰士；戰士為榮譽而流血，詩人為真理而寫詩。詩人不死，真理永在。

6 詩人底感覺比含羞草更靈敏；詩人底情感比海洋更廣闊，更幽深。

7 不是至情的人不足以語詩，不是激情的人不足以寫詩。

8 凡是天真誠實的人都可以成為詩人，奸佞虛偽者永遠不能成為詩人。

9 詩人必須作羣衆底歌手，深入羣衆底核心。詩人不是為自己而生活，詩人是為羣衆而生活。羣衆底悲哀即是詩人底悲哀，羣衆底歡樂即是詩人底歡樂。

10 詩是語言底藝術，詩人是語言底提鍊者。

11 詩要有意境，沒有意境則不知所云。

12 詩要有形象，一行富有形象的詩勝過沒有形象的一萬行。

13 詩要有氣魄，詩底氣魄亦如人底氣魄，渾然天成，不可做作。W・惠特曼之可貴，全在熱情澎湃，波瀾壯闊。

14 詩像其他的藝術一樣，貴有獨創的風格。沒有獨創的風格的詩，像一個面部輪廓模糊的人，我們始終看不出他底鼻孔和眼睛。

15 詩應該押韻，但切忌韻文化；詩可以毫無拘束地寫，但切忌散文化。

16 詩有其尊嚴性，亂批評詩的人是侮辱詩，亂寫詩的人也是侮辱詩。

17 詩不是消閒品，詩有貞節的情操，詩人有崇高的人格。寫詩如瀝血，一字一淚。

18 詩不是獨自囈語，而是人類底宣言。坐在象牙之塔里寫的詩只可以給自己欣賞，而不爲羣衆所歡迎。

19 寫詩不是白日作夢，詩人不是荒唐的說夢者，而是現時代底發言人。

20 詩不是傳奇，詩人決不欺騙讀者，決不欺騙自己。

21 詩是詩人情感底自然流露，壓搾出來的詩決不是好詩。

22 詩需要含蓄，但不能叫人猜謎。如其叫人猜謎，不如自己裸體。

23 詩需要靈感底衝動，但尤其需要長久的思慮。不但一句一字必須仔細推敲，每一個音節亦須反覆默念，朗誦。

24 審別詩底美亦如審別人底美，可以從靈魂與肉體兩方面來觀察。詩底靈魂是內容，意境；肉體是形式，音韻。凡內容充實，意境深遠，形式美麗，音韻和諧、用字用句恰到好處的詩，才配稱為好詩。好詩本天成，惟妙手能得之。

25 一首好詩可以永遠使人徘徊低唸：「嚴寒」，通紅的鼻子」，雖百讀亦不厭

26 最漂亮的標語，口號，論文，只能存在於一時；而一首好詩，則可以垂之於久遠。

27 魚目雖可以混珠，但魚目畢竟是魚目，珍珠畢竟是珍珠。

28 真正偉大的詩人往往不能見容於當世，真正偉大的作品亦非流俗所能賞識

29 我們需要正確的批評，更需要好詩。

30 自從有了人類也就有了詩；人類存在，詩亦存在。

四〇、十、十五、增修於台灣左營

（一九五二）

上集

春天的懷念

燕

想念妳如同想念春天
因爲妳和春天有着血統的牽連

想念妳如同想念春天
因爲妳飛在春天的前面

想念妳如同想念春天
因爲妳把春天帶到我的面前

想念妳如同想念春天
因爲妳和春天裝飾了我的心田

想念妳如同想念春天
因爲妳把春天佈滿人間
想念妳如同想念春天
因爲妳就是春天的春天

蝶

像少女默默含羞
像哲學家低頭剪手
妳癡情地在花心滯留
又像詩人畫樓醉酒
妳五彩的霓裳
該羨煞人間多少閨秀
妳天生的麗質

衷袖園

該激起多少醜婦忌妒．

妳翩翩起舞
又勝過古典美人的水袖
妳上下翻飛
實超越好萊塢的銀宮舞后

願風和日麗，花開長久
願妳常在我的花圃停留

請妳不要走
永遠不要走

柳

妳是千金弱質
嫩綠的條枝
像美人的長髮

墨人著

直擂到地

妳像初解風情的少女
專愛搔首弄姿
妳的明鏡是春水一池
那醉人的春風又為妳輕輕拂拭

妳是那麼溫柔懂禮
見人就長揖到地
我生怕妳日久腰酸
我眞想伸手把妳扶起

映山紅

像火樣熱烈
妳把全生命
炫耀在一季之中

妳的名字是映山紅

一看見妳
我的心就卜卜跳動
妳火樣的熱情
常使我徜徉在萬山叢中

我就愛妳朵朵嫣紅
因爲那是青春的喜悅，生之讚頌
妳彷彿一粒燎原的火種
一朵紅而遍山紅

附記：南台灣長年如夏，看不見春之影踪。特寫小詩四首自娛，
並冠以「春天的懷念」，以誌故鄉故國之思。

四一、三、二五、左營

和風

吹上高樓
吹上高樓
這來自海洋的和風
一陣陣吹上高樓

是那麼溫柔
是那麼溫柔
像戀人的纖手
輕輕地撫摩着我的頭

沒有憂愁
沒有憂愁
憂愁已被和風吹走
庭前芳草也格外碧綠

四一、四、一〇、左營

夜雨

像大將軍麾動千軍萬馬
急驟而沉重的脚步
在子夜之谷奔馳而過

你一陣陣傾蓋而來
我的屋瓦就隨之悉嗦
我彩色的夢也一次次被你敲破

我有點怪你和我一樣暴燥
但我又愛聽你豪放的生命之歌
因爲你的降臨才使我有春天的感覺

於是我披衣起床在窗前小坐
我的感想很多，我要問你
今夜有多少花開多少花落

（一九五二）四一、四、一〇、左營

春晨獨步

這靑靑的艸地
平舖如錦
這密密的樹林
枝葉多嫩多新

花兒在靜靜地開
美艷如少女懷春
鳥兒在快活地叫
這歌聲多脆多淸多好聽

春景如畫
春深似海
艸上多露

林中有霧
我在畫中海上霧裏
早行獨步

誰說天堂只有神仙配住
那知人間更有淸福如許

四〇、二、二七、左營。

（五五、二）

春雷

有火樣的熱情
才有生命底閃光
有平日的含蓄
才有春天的豪放

那從天際滾滾而來的
雖是虛無的形象
却有無比的進攻力量
如果遭遇任何抵抗
它馬上會迸出轟轟的巨響
一個接着一個
一個比一個響亮……
沒有什麽比它更氣壯

哀祖國

沒有什麼比它更激昂
它從不畏縮
從不呻吟嘆息
永遠前進
永遠大聲歌唱
即使本身不幸滅毀
也會刺破烏黑的天幕
迸出一道道閃光
是那麼耀眼
那麼明亮

它是聲音底總匯
生命底擴張
懦夫底啓示
英雄底塑像

四〇、四、一〇、左營。
(一九五一)

墨人著

炫與殉

藍天以星星裝飾自己
孔雀以羽毛炫耀自己底美麗
黃鶯以歌喉驕矜自己底同類
鸚鵡以能言討人歡喜

畫家以山水怡娛自己
音樂家以五線譜作自己底天地
哲學家以大腦探索眞理
我以生命塡入我底詩

四〇、一〇、一左營。

詩人是不死的！

—悼三閭大夫屈原

啊！屈原
偉大的三閭大夫
偉大的詩人啊
你像那天上最明亮的星星
永遠照耀着我們
你像那巍峨矗立的山嶽
永遠超過低矮的丘陵
你像那笑傲霜雪的梅花
永遠壓倒羣英
你像那千錘百鍊的金鋼
但金鋼比不上你的堅貞
衆人皆醉你獨醒

哀祖國

衆人皆濁你獨清
懷襄二王是闇弱的昏君
靳尙之輩是討好的佞臣
滿朝文武沒有第二個愛國忠貞
偏狹，自私，忌妬和愚蠢
辜負了你一片耿耿忠心
也貽誤了楚國的人民

你不會討好賣乖
你不會吹拍奉承
你僅有的是一顆報國忠心
和一種詩人的自尊
你也不屑於作一個時髦的說客
以自己的知識去獵取別國的相印
你始終認爲國家利益高於個人
因此你只好在三湘楚澤披髮行吟

哀祖國

你始終沒有考慮去投效敵人
汨羅江的水喲和你一樣地清
汨羅江的水喲照得見人
汨羅江的水喲也照得見
你那顆耿耿的忠心
它是楚國的一面明鏡
照出了忠貞也照出了奸佞

行吟復行吟
汨羅江兩岸的芳草啊
排遣不了你的憂慼悲憤
汨羅江兩岸的杜鵑啊
她又叫得那麼傷心
她聲聲的叫喚
更加使你痛不欲生

墨人著

哀祖國

當兩年前我追尋你的蹤跡
悲苦地行吟在汨羅江濱
我彷彿看見你
披髮　抱石　投江自沉

啊！屈原
偉大的三閭大夫
偉大的詩人啊
你的軀殼早已離開我們
你的軀殼早已離開那侫臣昏君
而你的心血啊
像那閃亮的星星
永遠照耀着我們
你的人格喲
像那巍峨的山嶽
永遠超過低矮的丘陵

25　詩人是不死的

你的精神啊
像那笑傲霜的梅花
永遠壓倒羣英……

啊！屈原，三閭大夫啊
詩人是不死的
不死的是詩人的正直，剛毅，堅貞

四〇、六、十五、左營。

詩聯隊

——獻給自由中國底戰鬥詩人

像流星降落於地面
詩人偶亦貶謫於人間
像野鶴閒雲難以聚集
今天的團結却是空前

埃及金字塔本不是個人獨建
萬里長城也是羣衆底血汗凝鍊
我們底智慧匯合在一起
任何敵人都會死於我們正義底筆尖

今天 趁着聯隊建立的吉日
我願意把所有的熱情奉獻
但我不是一個戴桂冠的詩人

我很慚愧站立在你們底中間
（我是一個永遠打不死的射手
我底文字是我胸膛里射出的彈痕點點）

現在，我等候聯隊底命令
等候聯隊底召喚
爲了建立詩戰線
我許下服役底心願已經十年

四〇、九、二九、左營。

附註：去年九月底台北詩人集議創辦「詩聯隊」詩刊，紀弦兄來函催稿，當即鼓興草成此詩，以[illegible]由中國底戰鬥詩[illegible]後「詩聯隊」因種種關係而告擱淺，此詩遂成紀念。

心靈之歌

別和劊子手談愛
別和娼妓談情
別對笨牛彈弄豎琴
因為牠們都不是知音

別在狐狸面前誠實
別在豺狼面前掏出良心
別向吸血鬼乞求餘生
乾脆以利刃鋼刀宰掉他們

別驚嚇樑上乳燕
別欺侮枝頭黃鶯
別攀折好花插進瓶

哀祖國

有牠們才有美景和青春

和安琪兒誓約吧
和雪梅訂盟
和星星密語吧
和聖女親親

四〇、十一、三十、左營。

子夜獨唱

花前默默勝過一千次狂吻
最深的愛情埋在內心
背人飲泣慟過一千次號啕
最深的悲哀決不告人

緘默不語勝過衆口嘵嘵
最大的辯才不辯而息爭
咬牙拔劍强於當庭咆哮
最深的仇恨是人頭落地無聲

溪流呀潺潺而深潭沉默
一瓶水不響半瓶水常自炫鳴
瑞蘭呀獨自隱藏於深谷

哀祖國

妖桃冶李偏愛勾引行人

游魚啊專在岸邊水面喋唼

蛟龍却沉潛於海洋的中心

麻雀啊專在人家屋簷吱喳

蒼鷹却展翅追逐天上風雲

依人小鳥啊怎能與鴻鵠相比

野草閑花啊那有白梅一般精神

勿炫惑於芍藥的富麗喲

世間最難得的是丹桂的一點清芬

四〇、一二、一四、左營。

真理．愛情

你問我什麼最眞
我說眞理最眞
你問我什麼最神聖
我說愛情最神聖

誰在眞理面前欺心
他永世不得安寧
褻瀆眞理如同褻瀆天神

誰對愛情不貞
他底愆疚永遠補償不清
褻瀆愛情就是褻瀆良心

在天上我敬仰幾個巨靈

33 真理·愛情

哀祖國

那是日　月　星辰
在人世我崇奉兩位眞神
一個是眞理　一個是愛情

四〇、十一、三〇、左營。

墨人著

友情底花朵

人生如沙漠
友情像花朵
沙漠是一片憂鬱和寂寞
友情却是一株永不凋謝的花朵

人生底道路艱險而遙長
友情底花朵永遠芬芳
我孤獨地匍伏於山徑之上
友情底花朵却盛開在我底兩旁
像詩樣的馥郁
像仙女叩玉盤而輕唱

四〇、一一、一七、左營。

啊，西北風啊！

啊，西北風啊！
如野馬披着長鬃
在窗外奔馳
在廣場撒野，逞兇

啊，西北風啊！
你這殘酷的謀殺者
你把好花揉碎
你把好鳥關進樊籠
你把溫暖放逐
你把太陽禁閉在天空

啊，西北風啊！
你這醜惡的煞神

你揮舞着鋼刀飽來
先向弱小行兇
孩子們的臉都被刺破了
楓葉亦由葱綠而紫紅

啊，西北風啊！
你還披頭散髮的女巫
嘴里呼呼吹弄
手把魔棒左右揮動
森林因你而擾攘
海洋因你而洶湧

啊，西北風啊！
你捲着西伯利亞的寒流
氣勢洶洶
像瘋狂的野獸

向我們作波浪式的撲擊，進攻
但終於摔死在窗戶和牆壁的鉄掌之中

啊，西北風啊！
由於你的撒野逞兇
我們才緊緊地擁抱
脈膊一致跳動
心與心息息相通
我們相信——
春天正在你背後悄悄跟踪

四〇、一二、一六、左營。

歲暮吟

光陰像一條閃亮的金蛇
從我眼前飛快的馳過
我伸出雙手想一下抓住它
但我抓着的是空虛和寂寞

三百六十多天
簡直像三百多隻白鴿
在高空唿哨而過
一個也不能捉摸

孩子抱住我跳着說：
「爸爸我快大了！」
我倒抽一口冷氣
眼淚像珍珠斷了綫索……

四〇、一二、二四、夜、左營。

信念

生命像樹
信念是根
樹沒有根
怎會葉綠枝青

生命像舟
信念是舵
沒有舵的舟
怎能不下流

地會陷
山會崩
信念不搖
哲人永生

四〇、一、二五、左營。

師生

您是孤芳
只有我單獨欣賞
我是蒺藜
只有您不怕刺傷

您身經百戰
仍然揮舞長槍
我常遭打擊
但無一次投降

您跨過五十寒暑
我也虛度三十春光
您我生在兩個年代

哀祖國

卻緊抱着一個理想

不怪社會沒有容量
只怪您我生性剛强
不怪人世對您我太苛
只怪上天賦予您我太多思想

您我是師生
偏巧很多地方又太相仿
如今您底兩鬢已如繁霜
我底青春也悄悄埋葬
悲末世而抱頭痛哭吧
不如仰天狂笑一場

四〇、九、二八、左營。

往事

妳對我脈脈含情
射着愛神底金箭的是妳底眼睛
妳對我深深關注
會說話的是妳底芳心

像一首抒情詩
像一闋小夜曲
像一幅象徵派底畫
妳沒有講過半句庸俗的話
妳彈給我聽的盡是弦外之音
像清溪流過我底窗檻
像落花飄進我底夢境
我是沙漠中孤獨的旅者
風砂埋葬了我臉上的激情

哀祖國

心里早已泣不成聲

也許上天有意戲弄人
她常常爲我安排許多
不如意的事情
她不過偶然給我一點蜜
却要我承擔永世的酸辛
讓我底心一天天枯萎
一片片飄零

四〇、九、一三、左營。

墨人著

天書

我心裏有個祕密
從來不敢開啓
我心里有座神像
人間找不着她底蹤跡
她在我心里　若隱若現
她在我夢里　似曾相識
我想叩開她靈魂底窗戶
傾訴我深藏的祕密
但走遍天涯　偏又無處尋覓
走遍天涯　偏又無處尋覓

四〇、八、二九、左營。

憤

把鮮花插在牛糞上
把烏鴉嫁給鳳凰
把魔鬼化裝成佛像
把妓女鑴上貞節牌坊
把桂冠戴在猴子底頭上
把勇字寫上懦夫底胸膛
把慈悲封贈喝血者
把美德扔進糞缸
把是非顛倒
把真理戕傷
替醜惡粉飾
將善良埋葬

四〇、八、二四、左營

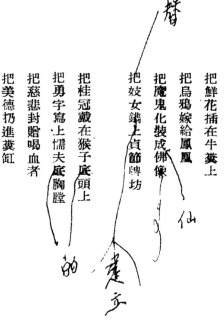

答

除了魔鬼
我沒有仇敵
除了眞理
我沒有知己
除了詩
我沒有興趣

你們別怪我太傻
也毋須佩服我底勇敢
我一生下地就是這樣的
從來不會吹拍　取巧　投機

四〇、九、一〇、左營。

過程

一

少年如燦爛的江南之春
如朝陽突破雲翳而冉冉上升
如黃鶯歌唱於三月的叢林
如蜜蜂狂吻着花心
如鳳蝶棲息於窗櫺
如美人醉眠於綠茵
如王子夢遊於幻境
如仙女婀娜款步於彩雲

如醉 如癡
似幻 似眞
無憂 無愁

忽喜 忽嗔
一萬兩黃金
也抵不上這彩色繽紛的一瞬

二

中年像一幅褪色的壁畫
鮮豔的色彩蒙上了世俗的灰塵
中年像一個圓滑的鵝卵石
無情的歲月磨滅了它底鋒稜
中年像一隻帶箭的蒼鷹
從蔚藍的天空一下栽進污濁的泥濘
中年人的嘴上沒有愛情
他把愛情埋在心底底層
中年人底心里沒有幻想
他把幻想絞死在現實底刑庭

像果實抖落花冠
中年抖落了春青
像藍天抖落流星
中年抖落了天眞

三

老年如一棵枯槁的古樹
光着幹子沒有綠葉和枝枒
老年如一支風中殘燭
光影搖曳傷心而淚下
老年如西天一抹晚霞
一陣淸風就結束了慘淡生涯
往昔的日子像一首詩
老年人沒有憧憬只有回憶

哀祖國

逝去的年華像一朵花
老年人不望將來只戀過去

像白雪掩蓋大地
老年沉靜而無生機
像古井黝黝
老年緘默而孤寂

四〇、十一、廿二、左營。

墨人著

雨季

這是一個哭泣的世紀
你看　天也在哭泣

一長串的日子
就在哭泣中度過
不分晝夜
沒有間歇

有時像嚎啕大哭
像新婚的少婦死了丈夫
有時又嚶嚶啜泣
像一個將要出閣的閨女

一次偶然的哭泣是感人的

哀祖國

但長久不休的哭泣
就會失去它本身的價值
甚至招來憎惡

哭不但是感情的奔流
也是一種藝術
天 你爲什麼一點不懂藝術
你爲什麼不向我們的女演員學習呢

四〇、六、十七、左營●

培養

農人爲了一個美麗的希望
才在大太陽底下翻動土壤

商人爲了拋出賺進
才把算盤撥得又快又響

少女爲了勾引異性
才打扮得那麼動人漂亮

戰士爲了榮譽勝利
才不斷地擦亮刀槍

我爲了喜愛和快樂
才把無知的小生命辛勤地培養

四〇、四、一三、夜左營。

黃昏的垂釣

雨後的黃昏
樹是分外綠
山是分外青
草是分外嫩
我也彷彿抖掉幾千斤的重擔
抖掉幾千年的鬱悶
忽然顯得分外年輕
拿起新買的釣竿
打着唿哨
我一溜烟地
往芳草萋萋的淡水池塘奔
步子分外快又分外輕

哀祖國

這是我最快樂的時辰
快樂中兼有一份驕傲，一份恬靜
計算好浮標的尺寸
再上好蚯蚓
一道優美的弧線
拋向詩意的黃昏
又唰的一聲點破了水面的平靜
盪漾着一圈一圈的波紋
像一個甜密的酒渦在美人的芳頰開綻
右手把着釣竿
左手燃着烟
嘴里吐出嫋嫋的白雲
眼看樹綠草嫩山青
我沉浸於這詩意的黃昏

墨人著

我沉浸於這幸福的夢境

整個世界的瑪瑙珊瑚珍珠黃金
再加上層層疊疊的皇冠相印
我也不屑轉動我的眼睛
我珍惜這一份驕傲
我珍惜這一份恬靜
我珍惜這一份詩情
我珍惜這樣的人生

四〇、六、十七、左營。

台灣海峽的霧

這是一個霧季
台灣海峽的霧
更重，更濃

每天午夜以後、
霧即姍姍起步
曳着幅圓的裙裾
瀟瀟洒洒團團散佈

而一到黎明
霧已佈成一座灰色的迷宮
千道萬道迷陣
濛濛如雨

海水和陸地
一遍模糊
房屋和樹木
同樣淹沒於彌天大霧

陸上的動物像網裏的游魚
在迷迷濛濛的霧中徬徨
人的眼睛也不能透過層層霧網
辨清自已的路伸向何方

這時你最好不慌不忙
睜着眼睛靜靜地注視東方
只要不是色盲
一定可以望見
那自海上冉冉升起的太陽

和它掃蕩迷陣的
千根萬根金杖

四一、三、三、左營。

火車飛馳在海岸綫上

火車飛馳在海岸線上
像飛馳在夢裏的江南
江南的春天的原野
那裏到處鳥語花香

難得有這樣明亮的太陽
難得它和煦地瀉進這三等車廂
我沐浴在明亮的陽光裏
一身輕鬆
眼睛也格外明亮

三等車廂像空空的雞塒
我不必和別人爭吵擁擠
我的脚毫無顧慮地左右伸張

我的手也可以任意的擱放
我自由自在地向窗外眺望
我自由自在的在窗內思想
我感謝這明亮的太陽
我感謝這三等車廂

一邊是——
蔚藍的天
接着
湛藍的海
黃色的沙岸
又吻着白色的海浪
一邊是——
菜花白菜花黃
白裏黃裏泛濫着菜花香

花香又藉着春風的傳遞
飄進這三等車廂
鑽進我飢渴的心房

到處有人家
到處有村莊
村莊里炊烟繚繞
我彷彿望見炊烟里
隱約有竹籬茅舍風光

火車飛馳在海岸線上
我的心也隨着飛馳飄盪
飛馳到江南
飄盪在家鄉

四〇、三、八、寫於十三次南行車上。

旋　風

那突起於海上的
黑色的旋風
像一條龐大的烏龍
捲着海水
捲着熱流
驀地躍起，騰空

來了，來了
那黑色的旋風
像一條龐大的烏龍
捲着海水
捲着熱流
向陸地橫掃過來了

哀祖國

房屋擋着它
房屋倒了
樹木擋着它
樹木連根拔了
鐵柱擋着它
鐵柱匍伏了
人擋着它
人捲起來了
捲起來了……

好厲害的傢伙
好大的威力呀
它是那麼——
輕視一切
不可一世
橫掃而過
所向無敵

註：五月十四日下午四時許，旋風襲左營，所過之處，樹木爲摧，一片瓦礫，鐵柱彎曲，人被捲起……
四〇、五、十六、左營。

這日子

鄉下人都這麼說：
「日子像洋老鼠翻車
唏哩嘩啦
過得眞快」

城里人却縐着眉
一聲不響
把日曆一頁頁撕下來

太陽老是那麼匆匆地
從東方起往西方落
這數不淸的日子
埋葬了數不淸的人物

只要你有一點知覺
一定會感嘆——
生命太短　日子太快

因此有人想在一天之中
建立起羅馬帝國
在一天之中吃掉全世界
在一天之中奴役萬物
在一天之中英雄起來

因此也有人想拖住時間
並且威嚇它說：
「老子底計謀還沒有成功
你龜兒子怎麼可以跑得這樣快！」

但結果兩者都同樣的失敗

當然啦！我也害怕日子過得太快
我生怕一個不小心留下一個污點
又怕這一輩子就是一個大空白

四〇、七、一三、夜、左營。

厄

桃李不逢春啊怎見其姣豔
艨艟遇逆風啊行動更蹣跚
月不到中天啊怎見其皎潔
日蔽於烏雲啊其光也慘淡

蒼鷹囚於樊籠啊何以展其沖天巨翅
良驥繫於櫪下啊怎能騰起如飛四蹄
英雄困於煉獄啊無從見其雄心壯志
美人芳華垂暮啊何處尋覓青春綺麗

四一、三、三、左營。

給自殺者

我眞不瞭解你
有什麼苦痛
要以自己的手
割斷自己的生命

有人說
你的身體弱，工作重
這個我很同情
但不是自殺的原因

有人說
你忘不了大陸上的家庭
心里有了愛情的糾紛

更使你痛苦的是
田地被清算
父親被鬥爭
但這都不是自殺的原因

致命的是
你那懦弱者的性情
提不起　放不下
自己同自己糾纏
自己同自己鬥爭
再加上窮和病
因此你更覺得活不成

還好，雖然割破了靜脈
但沒有造成大不幸
只是痛苦更加深沉……

哀祖國

今天我來看你
不是應酬
也沒有什麼給你安慰
請讓我站在你的床前
誦唸一篇新的聖經：
「人世雖險惡
仍然有溫情
黑夜雖深沉
遠處有雞鳴
弱者才會自殺
勇者常從死裏求生」

四〇、一二、三、左營。

墨人著

訴

爲了完成一個小小的心願
十夜我有十夜失眠
豪富爲了買笑不惜千金一擲
我爲了獻出自己的心血
却須忍受山妻的奚落和生活的長鞭

世人庸俗我心更堅
我願背負十字苦行人間
蘇格拉底爲眞理而仰毒藥
我爲詩情常與苦痛牽連

我頭上頂戴的是荆棘不是桂冠
我心里追求的是善美不是威權
迎面而來的打擊我一一承受
但我永遠不倒
鋼鉄意志使我永遠挺立，向前

四一、四、「哀祖國」付印日於左營

詩人是不是「人」？

——答禹平及所有的詩人

你問我——詩人是不是「人」
這問題也苦惱我很久很深
原先我們本是一道投生天國
後來不知怎樣忽然墮落凡塵

在塵世我們被人目爲乞丐賤民
但在天國我們却是第一等神明
我們的靈魂早已與天神合爲一體
而塵世的鎖鍊却使軀壳不能上昇

因此我們只能望藍天而興嘆
或則行吟於澤畔和湖濱

我們像杜鵑爲春天瀝盡心血
却永遠寂寞，永遠沒有知音

你問我詩人是不是「人」
現在我願一併答覆諸君
詩人是天上的一顆星
偶爾失足跌下凡塵
星星不願糟踏自己
詩人的痛苦因此更深，更深……

四一、四、二七、左營。

下集

帶路者

美國曾經出現兩顆巨星
那是華盛頓和林肯
中國也出現過一個偉人
那是 國父孫中山先生

華盛頓和林肯
替美利堅叩開了幸福之門
國父孫中山先生
把我們從噩夢中喚醒

他爲我們開闢了一條大路
他指引我們走出迷津
他爲我們設計了一個完整的圖案

他爲我們畫出了一幅美麗的遠景

他是一盞不滅的明燈
永遠照耀我們
他是一顆不朽的恆星
和太陽一樣永恆

像無際的海洋
他有廣闊的胸襟
像耶穌和釋迦牟尼
他的仁愛普及衆生

他是偉大中的偉大
神聖中的神聖
他以宇宙爲體
以天地爲心

哀祖國

把國家和人民
視同手足一樣親……

今天 我第一次撇開詩人的自尊
第一次歌頌個人
向一個偉大的創造者
向一個偉大的帶路人
我奉獻我的熱情
奉獻我的至誠和尊敬

四〇、一〇、一〇、左營。

墨人著

送第一艦隊出征

像鷹鷲嚮往於太空
像鷹鷲慓悍地衝出三月的森林
你們，第一艦隊的英雄呵
今天又擺開了一字長蛇陣
駛出了這靜靜的港灣
向波濤洶湧的南中國海
破浪前進……

這偉大的鋼鐵行列喲
顯示出你們鋼鐵一樣的決心

你們和你們的司令
是自由中國海軍的精英
在渤海，黃海，東海，南海

到處寫下了你們的英名
你們對祖國的偉大的愛情
像偉大的中國海一樣深
你們的偉大的功績
有海鷗作證
有海水為銘

今天，當你們的艦艇
一隻一隻地啓碇
又一隻一隻地擺成一字長蛇陣
向赤色的大陸作偉大的進軍
我們把萬種關切併作一句叮嚀：
「親愛的伙伴啊！勇敢！小心！」

四〇、七、二〇、左營。

烈士讚

——為海軍忠烈將士安靈典禮作

你們沒有死
你們活在我們的心上

你們的血
沒有白流
你們的生命
換來了民族的自由
國家的自由

你們的人格高尚
你們的意志像鋼
你們是海軍的塑像

哀祖國

中華民族的塑像

你們的名字
是光榮的形象
你們的名字
永遠芬芳
胡敬端，陸維源……
大家叫得多麼響亮

你們代表正氣
你們代表忠良
你們用血寫歷史
你們告訴我們
國家至上
民族至上

墨人著

爲了國家的獨立
爲了民族的尊嚴
你們發揚了軍人的最高德性
你們蹈火赴湯
你們的血洒遍了
黃海渤海東海南海
同江長江和珠江
你們活得勇敢
死也烈壯
你們的功績
高過石塔
你們的功績
盖過海洋

今天
我們以最隆重的典禮

哀祖國

寧安英靈於塔上
我們以最虔敬的心情
爲你們寫下詩章
你們沒有死
你們永遠活在我們的心上

四〇、四、二五、左營。

臺人菁

海洋頌

——為海軍中秋晚會作

同志們
你看——
天多麼藍
月多麼亮
你聽——
海洋多麼平靜
沒有一點聲響
今夜眞是一個好時光
我們大夥兒歡聚在一堂
我們肩並肩
手攜手

衷祖國

我們歡笑
我們歌唱
沒有愁苦
沒有憂傷

我們是一羣兄弟
我們是海軍戰士
我們是民族的蓓蕾
我們是國家的棟樑

一切爲海上
一切爲海洋
我們的事業在海上
我們的對象是海洋

海洋，海洋

無限寬廣
海水藍，海水深
海洋是我們的溫床
海洋是我們的家鄉

海洋，海洋
無限綿長
海水藍，海水深
憤怒時掀起滔天的巨浪
平靜時好像母親的胸膛

海洋，海洋
千變萬化
清晨看日出
海上萬道光芒
傍晚看斜陽

碧波萬頃着紅裝

海洋，海洋
海洋是我們的溫床
海洋是我們的家鄉
我們的事業在海上
我們的對象是海洋

敵人從海上來
我們把他消滅在海上
海洋是我們的溫床
海洋是我們的家鄉
不許敵人伸進一步
不許敵人在海上猖狂

請看——

明年中秋
我們將結隊出發
看那萬噸巨艦
一條一條地開出左營港
一隊隊，一行行
明月照在頭上
浪花分在兩旁
我們的陣容如鉄如鋼
我們的行列和海一樣長
直搗旅順
直搗大連
直搗黑龍江
[redacted]
直搗魔窟
直搗敵人的心臟
[redacted]

勝利在望

[redacted]

勝利在望

卅九、中秋節前二日於左營。

夜行軍

我們是一支奇兵
突然衝破子夜的平靜

我們是一股洪流
浩浩蕩蕩地
冲過公路
冲過田疇
冲過山崗
冲過樹林

土地在我們脚下顫動
蟲豸在我們脚下呻吟

爲了接受考驗

我們每一個人都咬緊牙根
沒有一個落伍
沒有一個丟人
從起點走到終點
從黑夜走到天明

四〇、四、一二、左營。

修路

我們是勞動隊伍
我們用自己的手修自己的路
我們揮舞着圓鍬十字鎬和鋤頭
一道孤綫
就是一個動的旋律
力的洪流，汗的洪流
我們的嘴巴一動
又迸出聲音的洪流

泥土
在力的洪流下翻動
泥土
在汗的洪流下翻動

泥土
在聲音的洪流下翻動

一次翻動
就克服了一點困難
一次翻動
就縮短了一點時間
無數次的翻動
就有一個圓滿

卅九、十、廿一、左營⊙

勵

我們不是羔羊
不能聽人宰割
我們不是祭品
不能讓別人當肉猪一樣
獻上祭壇，擺上餐桌

不要以爲我們的鼻子沒有別人高
就沒出息地直打哆嗦
不要以爲我們的皮膚沒有別人白
就無恥地把脂粉塗抹

不要做奴才相
專看別人的臉色
別人笑你也笑

哀祖國

別人縐眉你也着急

我們是人
我們也有椎脊
別人站得起來
我們也能直立
爲什麼要彎腰曲背
打躬作揖

不要再自暴自棄
不要再把自己看作一團泥
我們要像巨人一樣地站起
並且伸出有力的兩臂
誰敢玩弄
誰敢欺侮
我們就給他致命的一擊

三九、十一、二十五・左營。

向愚蠢宣戰

狡黠的敵人
不可怕
本身的愚蠢
才是最可怕的敵人

由於愚蠢
多少先知被扼殺
由於愚蠢
多少哲人受絞刑

由於愚蠢
眞理往往抬不起頭
由於愚蠢

一切陰謀詭計才能得售
由於愚蠢
才辨不清黑白是非
由於愚蠢
才會造成許多錯誤過失
由於愚蠢
希特勒才能橫行一時
由於愚蠢
史太林才能到處得意
由於愚蠢
偉大的戰士才會被剝掉盔甲
由於愚蠢
自己才會蹺起屁股挨打

解

由於愚蠢
才會向敵人獻媚
由於愚蠢
我們才會流血

今天，我們要戰勝狡黠的敵人
必須先戰勝本身的愚蠢
我們不但要向敵人宣戰
同時要向愚蠢宣戰

四〇、四、十六、夜、左營

自由的火燄

像那穿過烏暗的雲層
突然照亮恐怖的黑夜的閃電
我看見鐵幕裏正燃燒着
自由的火燄

像那打着燈籠火把
照澈黑夜的行脚者
我看見無數先知正燃燒着
自由的火燄

像那從黑夜哭到天明
戴着脚鐐手銬蒙着眼睛封着嘴巴的人們
我看見他們心靈的深處正燃燒着
自由的火燄

像那飢腸轆轆伸着乾癟的手
渴望一頓麵包的飢民
我看見他們焦灼的眼睛裏正燃燒着
自由的火燄

像那兩手攀着鐵欄桿
踮起脚尖偷看自由世界的囚犯
我看見鐵幕里的弟兄正燃燒着
自由的火燄

在老年人的心里
在青年人的心里
在男人的心里
在女人的心里
在孩子的心里

哀祖國

在你的心里
在我的心里
在所有人類的心里
我看見正燃燒着
自由的火燄

像北風吹着野火
自由的火燄在慢慢擴大，到處燃燒
由一星星擴大到無限
由一小點擴大到無邊

從自由中國燒起
燒過台灣海峽
燒到[redacted]陸
燒遍山林
燒遍田野

燒遍村莊
燒遍城市

從自由中國燒起
燒過太平洋
燒過大西洋
燒到亞美利加
燒到歐羅巴
燒到阿非利加
燒到澳大利亞
燒到南北極
燒遍地球上每一寸土地
燒遍全世界每一個國家

從遠古燒到現在
從現在燒到未來

哀祖國

貫穿了時間
突破了空間

歷史上從來沒有一個暴君
有力量把它撲滅
地球上從來沒有一個國家
有力量把它撲滅

秦始皇想撲滅它
結果燒死了自己
希特勒想撲滅它
結果是自己崩潰

[redacted]史太林[redacted]東
這暴君中的暴君
正想一手把它撲滅

墨人 著

但我已經看見
這熊熊的火燄
正風馳電掣地燃向[illegible]魔鬼的身邊…………

祇要人間還有一顆暴力的種子存在
自由的火燄就不會熄滅
祇要人類不完全死光
自由的火燄就不會熄滅

歷史是最好的證人
有誰看見過燒不死的暴君

三八、十二、八、左營

北緯三十八度
站起來，捏死他！

衝過來了
衝過來了
史達林的徒子徒孫們
衝過北緯三十八度來了

像喝醉了酒的强徒
他們興奮得發狂
像喝足了血的野獸
他們望着垂死的「民主嬰兒」
野蠻地仰天狂笑

他們的氣力充足
他們的戰爭熱情正高
他們一口氣

哀祖國

衝過了漢城
衝過了水原
衝過了天安
衝過了錦江
衝到了大田……
擊潰了韓軍
擊潰了美軍
金日成在笑
史達林在笑

但白宮和唐寧街的要人們
還以爲這是「地方事件」
能夠中途解決最好
（他們沒有勇氣和史達林決鬥）
賤骨頭尼赫魯

墨人著

正在從中作調
但我敢保証：
釜山不是他們的最後目標
東京也不是他們的最後目標
（整個印度也不能把史達林喂飽）
倫敦和華盛頓
才是他們最後的目標

希特勒打倒之後
史達林的黑手就到處伸
一下不停
從歐洲伸到亞洲
在白手套的掩護下
很快地攫取了中國大陸
現在又伸過了北緯三十八度
準備一下[illegible][illegible]「[illegible][illegible]」

直取山姆大叔的咽喉

退後，退後

韓軍一步一步地退後
美軍一步一步地退後
民主國家還沒有動員
蘇俄附庸的部隊
已源源開過北緯三十八度……

戰爭，戰爭
這是人類最後的一次戰爭
北緯三十八度、
是文明與野蠻的分水嶺
一邊是民主自由
一邊是暴力專政

戰爭，戰爭
這是人類最後的一次戰爭
莊嚴而神聖，
別再上當
別再由他作夢
史達林的黑手不砍斷
史達林的頭不砍下來
人類決沒有真正的和平

站起來，杜魯門
站起來，艾契遜
站起來，艾德禮邱吉爾
站起來，站起來
全世界的領袖和人民
我們必須全副武裝
從頭到腳

哀祖國

擴展到每一根神經
我們必須一致行動
瞄準我們的敵人史達林
一起動手
一起伸出我們的拳頭
我們不能再後退
我們不能再優柔
把史達林的走狗
趕快打回北緯三十八度
消滅它們一個也不能留
趁着憤怒的高潮
我們再來一個史無前例的偉大進軍
衝進鐵幕
衝進平壤

墨人著

衝進北平
衝進莫斯科
給地獄里的人民
帶去自由
帶去光明
搗毀罪惡的魔窟
搗毀克里姆林
捏死他
捏死侵略者
捏死喝血玩火的史達林

卅[illegible]

滾出去，馬立克！

像一具幽靈
小丑馬立克
心里懷着鬼胎
靦顏地溜回聯合國

中國沒有歡迎
美國沒有歡迎
法國沒有歡迎
英國也沒有歡迎……

一九五〇年八月一日
安理會的主席台上
顯得格外的陰森
因爲那上面坐着

小丑馬立克
坐着一具幽靈

馬立克
醜惡的象徵
馬立克
人類的瘟神

爲了拔去他的眼中釘
爲了排斥眞理的化身
爲了打碎一面照妖鏡
馬立克竟狂妄的決定
「國民黨的代表
不能代表任何人」
於是，馬上引起一陣噓聲
「八對三」

乾脆、爽快、堅決地
作了一個否定
小丑馬立克
狼狽又羞憤

（七對三——少算一票
又被當面揭穿
做賊不高明
眞是丟盡了臉
丟盡了人）

退出安理會
嚇不倒人
退出聯合國
嚇不倒人
退出人類世界

仍然嚇不倒人

史達林的三板斧
已經使盡
醜惡的狗熊
已經現出原形

今天的世界
壁壘分明
史達林揮着鐮刀斧頭
宰制了中國大陸
又掀起了南北韓戰爭
中美英法……
四十多個國家
爲了搶救世界
爲了反抗侵略

哀祖國

爲了維護和平
已經結成一條民主陣線
準備以戰爭消滅戰爭
打倒希特勒的替身·
打倒屠夫史達林

馬立克
你史達林的觸覺
俄羅斯的幽靈
別再不要臉
別再無賴
別再丟人
滾出聯合國
你這瘋神
你這幽靈
你這醜惡的象徵

卅九、八、五、夜、左營。

臺人著

致英國人

現在是一個最黑暗的時代
一個是非不分的時代
由於人類的自私和愚蠢
加速了一個空前大災難的降臨
倫敦的霧
已經迷糊了英國人的眼睛

英國
你已經殺害了人類的文明
褻瀆了民主自由的神聖
汚辱了你們的偉大詩人拜倫
這一世紀來
爲了你們的「商業利益」

哀祖國

爲了撑住「大英帝國」的金招牌
你們做下了數不淸的愚蠢的醜事
對於我們中國人
你們掀起了可恥的雅片戰爭
而在德國正燃燒着復仇的火燄
正準備幾千架飛機，幾百萬大軍
進攻你們的心臟—倫敦
你們的首相張伯倫
還挾着一把破洋傘
與匆匆地和希特拉簽訂了「幕尼黑協定」
回去時還在唐寧街十號的窗戶中得意地告訴人民：
「諸位！我們已經贏得了和平！」
可是，這可恥的協定不僅出賣了別人
也差一點砍斷「大英帝國」的命根
當我們正艱苦地進行抗日戰爭

墨人著

你們又被「太陽膏藥」貼住了眼睛
愚蠢地封鎖滇緬路
去討好共同的敵人——日本
結果你們還是丟了香港
丟了新嘉坡，丟了馬來亞……
而在那原始的緬甸森林
還是我們救了你們的性命
而你剛一掉轉頭
又馬上和史達林簽訂了「雅而達協定」
出賣了朋友，出賣了恩人
種下了今日的禍根
[redacted]……

而在今天
人類文明絕續的今天
民主自由的燈塔掛起三個紅球的今天

你又勾上了敵人
握着毛澤東的手
媚眼溜溜地偷看史達林
你愚蠢地想從他們的口袋裏撈點錢
充實「大英帝國」的賭本
你却忘記了他們的鐮刀斧頭會砍斷你
戴着白手套的黑手
會結果你們的性命

過去，你在混世魔王希特拉、墨索里尼
日本軍閥面前
倒栽了無數個跟斗
栽得那麼兇，那麼醜
今天，你又要在正牌「戰爭販子」史太林
[redacted]面前
倒栽跟斗，而且栽得更兇，栽得更醜

五臟六腑都要栽出來
腦袋瓜也要栽得血流

英國
你不再是激流中的舵手
你不再是自由民主的信徒
你已經原形畢露
見錢眼開，見錢伸手
你有釋迦牟尼的精神
爲了錢你會昂起頭來拍拍胸脯：
「我不入地獄誰入地獄？」

英國
由於你的自私和愚蠢
你已經殺害了人類的文明
褻瀆了民主自由的聖神
汚辱了你們的偉大詩人拜倫

三九、一、八、左營

哀祖國

一場噩夢
五十年來的中國
是一個血淚交流的戰場

義和團
招來了一場大災殃
八國聯軍
打垮了東方古國的威望
符咒和肉體
敵不住大砲洋槍
愛新覺羅王朝
闖下了滔天大禍
結果又撇下了忠實的子民

狼狽而可恥地向西逃亡

革命的火炬
接着在南方點亮
民主自由的旗幟
到處高舉
到處飄揚
民族解放的吼聲
震垮了雕龍畫鳳的金鑾殿
震垮了三尺豎子的龍床
一個人獨佔的江山
又重新交還到人民的手上

封建的屍體還沒有埋葬
袁世凱又跋扈飛揚
他重新登上倒坍的金鑾殿

做了八十三天短命的帝王
人民的力量
又把他嚇死在金龍床上

軍閥的割據分贓
又使插着穀秧
種着小麥大豆高粱的土地
變爲流血的戰場
從南到北
從珠江到黑龍江
到處閃動着雪亮的刀槍
天天有人在刀槍底下死亡

內憂未已
外患又來自東洋
惡魔互相勾結

抵消了革命的力量
那邪惡的[redacted]勢力
比敵人更加猖狂

要抵抗外來的侵略
必須先肅清內部
安定後方

一次生與死的搏鬥[redacted]
又展開在廣大的土地上

軍隊一批批死亡
人民一批批死亡

戰場還沒有掃清
民族復興的幼苗還沒有成長
蘆溝橋的砲聲

哀祖國

又像春雷一樣地轟響
中華民族的命運啊
又懸掛在閃亮的刀尖上

爲了國家獨立
爲了領土完整
爲了歷史文化
爲了個人生存
全中國的人民啊
又像潮水一樣
湧上流血的戰場

從北到南
從東到西
從天空到水底
到處展開生與死的搏鬥

臺人著

不分男女
不分老幼
淚　不斷地流
血　不斷地流……
八年戰[redacted]
人民精疲力盡
政府精疲力盡
那邪惡的共產黨啊
却在戰爭中復活再生
他們開口民主
　閉口民主
　開口人民
　閉口人民
呼籲停止戰爭

偏偏發動戰爭
他們開口解放
　　閉口翻身
抓住一個臭蟲
就說全體是壞人
發現一個窟窿
就說這棵大樹整個空了心

他們的嘴巴甜得像蜜
他們以解放者自尊
彷彿他們眞是
人民的救星
國家的救星

長期戰爭迷亂了人民的理性

[redacted]
人民狂熱擁抱的
不是民主和平
不是自由神
而是魔鬼
災星

山之禮讚

自　序

新詩發展到現在不過六十年多的歷史，我讀詩、寫詩超過四十年，我的文學生命與新詩息息相關。在民國四十年以前，我將整個生命投入新詩，四十年以後，由於詩壇宗派門戶之見逐漸形成，影響了新詩正常的發展，也引起讀者對新詩的批評，無論詩人如何辯解，讀者仍難衷心接納新詩，這是不爭的事實。

我自四十年以後即悄悄自詩壇隱退，雖未停止創作，但較少發表，轉而致力於小說創作。這段時間我在小說方面所付出的心血自然多於新詩，這也是毋庸否認的。

在民國四十年前後出版了「自由的火燄」、「哀祖國」兩本詩集之後，除六十一年在中華書局出版的「墨人自選集」中，將已發表而未結集的詩作編入「短篇小說、詩選」一書之外，我沒有再出版過詩集。

這本「山之禮讚」一共收集了六十四年以後的新作四十四首，「山之禮讚」五首（序曲、大屯山、面天山、向天池、七星山）發表於六十八年十一月三十日中央日報中央副刊，「植物風采」六首（神木、松、竹、梅、蘭、菊）亦發表於六十九年元月二日中央日報中央副刊，「動物羣相」共二十一首，前十九首一次發表於六十九年四月號「新文藝」月刊，後兩首「畫眉」、「雲雀」特抽出提供「秋水」詩刊二十五期發表，其他「台北的黃昏」、「歷史的會晤」、「羅馬之雲」、「羅馬之松」、「翡冷翠的女郎」、「翡冷翠之柳」、「塞納河」、「六月之荷」、「哀吉米卡特」、「花甲之歌」等十首，原分別發表於中央、中華、聯合等報副刊及「新文藝」月刊，後經整理題爲「墨人詩抄」再一次發表於「秋水」詩刊二十二期，「無題」、「龍泉低語」兩詩亦發表於「秋水」詩刊。以上四十四首詩有三十四首是六十八年內寫的，而「山之禮讚」五首作於十一月，「動物羣相」二十一首，「植物風采」六首，都成於十二月。六十八年是我從事詩創作的第三個高潮時期，第一個高潮是民國三十二、三年，第二個高潮是民國三十九年、四十年。另外我將已發表的十首絕律詩一併附錄於卷後，以饗讀者。

我的創作態度一向是只問耕耘，不問收穫。寫詩更是基於志趣，從來不標榜任何宗派，更不自立門戶。不論古今中外，好詩一定會被讀者接受，與任何宗派門戶無關；壞詩讀者自然拒絕，相互標榜只能譁衆邀寵於一時，經不起識者與時間的考驗。〈山之禮讚〉讀者是否接受？我不敢說。但我尊重讀者，決不低估他們的欣賞能力，也不會爲自己强辯。創作權雖操之在我，批評權卻操之在人，這是十分合理的事。作者所應該作的是多讀書、多體驗，以提高自己的思想境界，鍛鍊自己的寫作技巧，這是從事任何文學創作的不二法門，別無捷徑。小說如此，詩亦如此。我是業餘寫作，不是專業作家，只有一百九十多萬字的大長篇小說[illegible]是[illegible]完成[illegible]的。

中華民國六十八年己未歲暮（一九七九）

[illegible]年一月二十四日[illegible]

山之禮讚

山之禮讚

一、序曲

太平洋上的一羣潑婦
能使波平如鏡的大海
　突然發起羊癇瘋
幾十萬噸的油輪
　大跳曼波和扭扭舞
鋼筋水泥的華厦高樓
　頃刻之間變成廢墟
千年古樹連根拔起

唯有你

無視於潑婦們的披髮猖狂
巍然矗立
像個不憂不惑不懼的大丈夫
山，是你的名字

你像個大傻瓜，不言不語
你永遠守住一個崗位
一個點、一個面、一寸不移
永遠不會改變主意
今天東，明天西
不像那嘮嘮叨叨
甜言蜜語，搔首弄姿
朝秦暮楚的蕩婦——流水
你坐看白雲披着輕紗悠閒地散步

以及她們突然淚眼婆娑地哭泣

你靜聽畫眉、百靈千廻百囀的花腔
松林的噓噓的口哨
鴟梟的嘎嘎哀鳴
而你一如老僧入定
自古到今

可是你偶爾輕咳一聲
便鳥飛獸奔
使她們落魄亡魂

鶴嘴鋤天天向你敲詐泥土
無損於你的偉大
登山隊在你頭上踐踏示威

也不能降低你一絲一毫的高度

路轉山不轉
無論從那個角度探你、看你
你還是你，始終如一

二、大屯山

我透過書房的小眼睛
望着你頭顱上天天覆着一大朵雲
或如少女的闊邊的白草帽
或如小山東麵館的爛桌巾
當你戴着闊邊的白草帽
我知道今天的天氣是——
晴時多雲
當你像印度阿三纏着烏黑的爛桌巾

我知道今天的天氣是——
陰偶陣雨
不像我們的氣象台老是那樣含糊
今天的天氣是——
晴時多雲偶陣雨

以我一七〇公分的高度
長年瞻仰你一〇八〇公尺的頭顱
自然十分辛苦
我不會站上希爾頓的樓頂
狂妄地說：現在我比你高
因爲我不是現代狂人
我心裡有一個古老的
　探索天地人的時空關係的計算標準

今年第一道冷鋒光臨臺北的早晨
我作了你的第一位來賓
我從你的腳下爬上你的頭頂
雨似箭，風似利刃
雨以穿心的箭簇圍攻我
風以橫掃千軍的利刃說聲「歡迎」
但風雨嚇不倒我
自然更嚇不倒你這位
　沉默了幾十億年的巨人

我立定腳跟
　撫摸你茅茸茸的頭頂
一任風狂雨驟
你不作聲，我也不作聲
我只有一甲子的年齡

你却有四十多億年的壽命
我要學學你的剛毅和堅忍
沿着三百六十度的弧線
　運轉不停

三、面天山

你是大屯山的學生兄弟
你們都有同樣的圓頂
松、柏、榆、櫸，一棵不生
甚至連相思樹也不長一根
而你滿頭蓬鬆的黃髮
卻像一位遲暮的美人

你是一座最好的瞭望台
立在你的天靈蓋上

可以看清大臺北的每一條大動脈
紅毛城、白沙灣、濱海公路
以及臺灣海峽的滾滾波濤
那一條條長浪
　彷彿一條條青龍弓起的背脊

你面海而坐、面天而立
你頂天立地
而我席地而坐
立地頂天

四、向天池

你是臺灣最早的噴火女郎
你將億萬年的熱情
一口噴出，冲天而上

我彷彿還聽見那轟轟的巨響
看見那紅紅的火舌

而我慕名而來時
你的萬丈熱情已經熄滅
　　靜如淑女
我也不是情竇初開的十八歲

你是混沌初開時的古蹟
恬靜地臥在向天山之巔
有時是一泓清水
有時是芳草萋萋
我也過了一個生命周朞
看夠了花謝花開、月圓月缺
早將萬丈豪情付於流水

愛獨自在山中躑躅
在跳扭扭舞的時代
我們都是不受歡迎也不動心的

五、七星山

在臺北的羣山當中
你的名字是響噹噹的
但我卻最後拜訪你
我從天下第一名山來
我向來不被虛名所惑
我來看你是想知道你
　有沒有脊骨

你比大屯、面天、向天諸山更高
你是山中老大

孔子登泰山而小魯
我也登七星而小臺北

你是大臺北的守護神
你一臂撐天
　擋住了來自太平洋的羣妖
你是大臺北的第一道防線

由於久經風霜
你顯得更加蒼老蕭條
也更顯出幾分孤傲

我不嫌棄你的蒼老蕭條
我更愛你那幾分孤傲

　己未年甲戌月丁亥日初稿於臺北

植物風采

神木

在原始森林裡你最原始
你見過堯天舜日
你伸手直摩雲天
你和星星月亮長夜細語

你忍受了幾千年的
風、霜、雨、雪
閃電霹靂
你沒有垂頭喪氣
一仍昂首矗立
你給我們一個啓示—
活着就是向上的

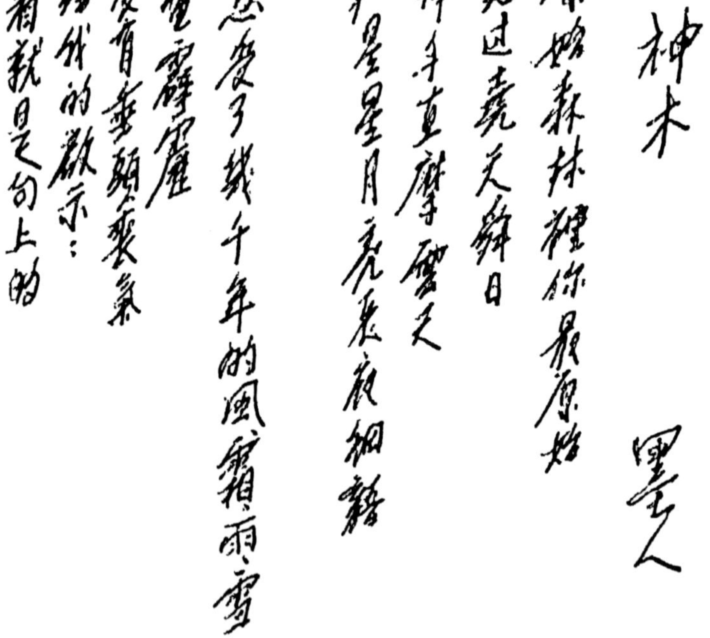
神木
墨人
在原始森林裡你最原始
你見过堯天舜日
你伸手直摩雲天
你和星星月亮長夜細語
你忍受了幾千年的風、霜、雨、雪
閃電霹靂
你沒有垂頭喪氣
你給我們的啟示：
活着就是向上的

松

你生於寒帶
　生於高山之脊
迎接狂風暴雨
迎接雷霆冰雪

你的生命裡只有春天
你的針葉四季常綠
你在那裡那裡就有生命
你在那裡那裡就生氣勃勃

你鱗形的皮膚堅於鐵石
你每一個細胞都是防腐劑

你永遠不會腐敗
　不會從中心爛起

而且你也具有偉大的詩人氣質
明月清風之夜
你會龍吟細細
狂風暴雨來時
你會豪情激勵松濤起伏
那嘯聲也是懾魂奪魄的

你不是在溫室中長大的
你是寒帶喬木

竹

萬物都很自滿
唯有你是虛心的
謙謙君子

你臨風搖曳
從容有致
不徐不急
不亢不卑

月白風清之夜
你是個抒情詩人
輕輕吟哦曼妙無比

同時你也是一位丹青妙手
投影於地
便成一幅最美的構圖

蘇東坡說：
無肉令人瘦
無竹令人俗
我說：
寧可無肉
不可無竹

梅

漫天風雪
深山寂寂
萬木蕭蕭時
你卻繁花似錦
　　清香凜冽

你是不參加春天的花展的
你不和夭桃冶李爭芳
　　不和牡丹芍藥賽美
在全世界顫抖於嚴冬的日子裡
你卻以一身清香獨自抗議

蘭

你是花中王者
香在幽谷
你是隱士
有不被人發現的喜悅

菊

我是陶淵明的同鄉
你是陶淵明的知己
紅粉早已飄零
你卻頂一盞金黃
盛開於九秋的竹籬

我不是酒徒
看見你的冷落
卻有幾分酒意
很想陪陪你

己未年乙亥月戊申日初稿於台北
原載中央日報中央副刊

動物羣相

甲、神話篇

龍

你深藏於淵
與魚雜處
沉潛水底
而人不識

你乘雲而起
駕霧而升
上飛於天
而肉眼莫見

縱然你偶爾一現真形
亦見首不見尾
見爪不見鱗

你不是呆頭呆腦的恐龍
也不是牠們的兄弟
你是中國的神物
天人之間的媒體

乙、走獸篇

一、獅

你頭大如斗
　力大如牛
　髮亂如麻
你是猛獸中的披頭

你大吼一聲
　山鳴谷應
　鳥飛獸奔
而你卻漫不經心
　踽踽而行

你強取豪奪
　不懂憐憫
你一撲一擊
就奪走一條生命
飽餐之後
便張大血嘴
　打個呵欠
　伸伸懶腰
　就地一滾
然後睡意沉沉

你是百獸之王
你在夢中都不必担心
有誰敢對你不敬

二、虎

你滿身斑爛
像個花花太歲
你在山中自立爲王
你是森林中的自然寨主

你昂首濶步
虎視眈眈
你像古羅馬的尼羅王
法蘭西的路易士

你沒有扈從
你是眞正的獨夫

連你踐踏過的草木
你的子民們都退避三舍

你一聲嘯，一山伏
你的名字是老虎

三、豹

雲從龍，風從虎
你卻沒有任何通知
迅如閃電
來去無聲無息

你是森林中的浪子
一身窈窕輕佻

你以金錢作服飾
向世界炫耀你的財富

百獸之王雖比你强
有時還難免撲空
而你只要盯住了對象
絕無一個逃脫魔掌
你雖無獅望虎威
卻是獸國的最兇殺手

四、象

你在世界上創造了一項奇蹟
誰也沒有你那隻又大又長
　又富有彈性的鼻子

你的噸位也是獸國第一
但你不凌弱小，不畏强暴
你是雍容大度而又正直的君子

而你一旦遭受迫害
你會四蹄擂地如鼓
弄它個天翻地覆

五、熊

不論你是衣白裘
　或者穿黑禮服
同樣像日本的相撲武士

你步履蹣跚
　行動遲緩
卻是獸國的角力高手

你雖然四肢發達
而頭腦卻十分簡單
因此在生死戰中
你往往落入敗部

六、狼

你是出了名的惡棍
憑着你的智慧與合羣
在虎視眈眈之下
你依然到處橫行

獵人都想吃你的肉
　寢你的皮
但千萬年的鬥爭
人類仍然不能將你消滅

狗是你的堂兄弟
但牠早已被人類馴服
而你仍然逍遙於山林
君子不得而親
大王不得而臣

七、狐

一到雪天

人類就會想起你
想得到你身上的那張皮

你也是出了名的狡猾
鬥智不鬥力
誰也鬥不過你

據說你還會變化
既可變成白鬍鬚的老翁
也會變成十七八歲的嬌嬌女

自稱萬物之靈的人類
往往被你大加戲弄
你的法寶是
一個「財」字

再加一個「色」字

八、犬

不論你屬於那一家族
　那一譜系
你們都有一個共同美德——
忠實

你不但忠於朱門
也忠於要飯的
誰是你的主人
你就對誰死心塌地
主人踢你一腳
你仍然對他頻頻搖尾

你創造了許多可歌可泣的故事
可是從來没有人送你一塊匾
替你立一個碑石

九、豕

不論你是藍斯、約克夏
或是本地的黑毛
都長得肥頭大耳
一副福相

美中不足的是
你的智商太低
因此酒席中

永遠少不了你

你的身價決定於人類的胃口
瘦子需要你進補
胖子嫌你油膩
因此你的身價時高時低

如果人類都長得像你
你便一文不值
如果你長得像人類一樣
你便會操刀改寫人類的歷史

十、牛

人類總愛在你頭上

寫個大「笨」字
卻忘記在你身上
寫下「忠厚」、「辛勞」

你力大於獅虎
卻從未以力欺人
你兩角亦利於虎爪獅牙
卻甘心臣伏於牧童的鞭下

你吃的是草
擠出的是奶
你大大有恩於人類
而人類卻回報你以屠刀
你卻永不會向蒼天要求公道

十一、馬

想起項羽就會想起烏騅與美人
關雲長與赤兎亦不可分
你是英雄座下的寵物
郎世寧筆下的神駿

係長髮飄飄
四蹄飛揚
引頸長嘶
絕塵而去

你是草原上的驕子
　　塞外英豪

無論你走到那裡
你都會用四蹄寫下
　矯健、豪邁、洒脫
你行在天空
藍天也會被你踏出
一朵朵雲彩

十二、鼠

你賊頭賊腦
一身灰毛
在陰溝裡出進
偷偷摸摸，不敢見人
你那對小眼睛

滴溜溜轉個不停
你從來沒有做過一件好事
偏偏百子千孫

我寧可和獅子老虎打交道
可不欣賞你這副德性

十三、貓

不論你是來自波斯的貴族
或是黃、白、黑、花
都會討好賣乖
咪妙善媚

你柔軟如綿

　身輕似燕
　來去無聲
最妙的是你的瞳孔
還可以分出子午線

本來你是捕鼠的
可是如今你養尊處優
反而把老鼠當作朋友
早晨你躺在女主人的被臥裡
　撒嬌使媚
晚上便又在別人懷裡妙咪妙咪

誰給你一隻魚頭
你就變成誰的玩偶
你的字典裡沒有恩怨親疏

十四、兔

你以兩顆最美麗的紅寶石
向世界炫耀你的智慧
你以兩隻豎起的大耳朵
表示你敏銳的聽覺
你以一身雪白的大禮服
宣告你出身高貴

可惜你太胆小而懦弱
小公雞也啄得你團團轉
你是銀樣蠟槍頭
紳士們下酒的野味

十五、猴

想來想去
只有你是人類的近親
但你的身手遠比人類靈敏
你也能直立而行
而且能倒掛金鈎於萬木森森
跳躍於蒼松翠柏的尖頂

你也有模倣人類行為的天性
人類騎着駿馬在疆場馳騁
你也騎着小黃狗在廣場飛奔
人類以你取樂
你卻愛聽人類的掌聲

人類害羞時自然臉紅
你卻雙手蒙臉
　臀部飛上兩朵紅雲
看見有人登上帝王寶座
你也眼紅心熱
急着穿上龍袍玉帶
儼然王者

可是你始終沒有學會
人類的花言巧語
你只會狺狺吱吱
因此你還是一頭走獸
——屬於靈長動物

丙、飛禽篇

一、蒼鷹

你一飛沖天，直上青雲
你在藍天寫着豪情
你穿雲而上，俯衝而下
迅如閃電流星

你不是職業歌星
你偶爾高歌一曲
卻格外悠揚動聽
你唱的是道地的
藍天白雲

你俯視大千世界
目光烱烱
在三百六十度以內
一切飛禽走獸無所遁形

你嘴如金鈎，爪似利刄
你是空中霸王
森林中的騎兵
你的名字是
食肉的蒼鷹

二、鸚鵡

你的服飾彩色繽紛

伊麗莎白一世
法王路易士的妃嬪
再加上中國帝王的三千佳麗
也沒有你這樣艷光照人

你是宮廷的嬌客
閨房的知己
你能言善道
報憂亦報喜
你往往無意中洩漏了天機
於是那繽紛的彩色
立刻變成落葉遍地

三、黃鶯

陽春三月之晨
你披着一件閃亮的黃色披肩
穿梭於綠葉蓁蓁的樹林
這是江南之春
而你是春天之神

你是票房價值最高的女高音
你的歌聲響遍了大江南北
你唱回了老奶奶的青春
連大笨牛、小黃狗、黑母豬……
都歪着脖子傾聽

你毋須恩客爲你編織后冠
你毋視於人間的一切榮譽
那蓁蓁的綠葉

配上你黃色的披肩
就勝過帝王的加冕

四、畫眉

是誰替你畫上兩道白眉
是造物者
還是閨中膩友

你是山林中的浪蕩子
少年不識愁滋味
朝朝暮暮炫耀歌喉
而且又愛爭風打鬥
匹夫無罪，懷璧其罪

因爲你能千廻百囀
偏偏又好出鋒頭
因此你便墮入鳥媒的陷阱
永遠失去自由

五、雲雀

你是雲中仙子
高歌在白雲的頂端

草長鶯飛季節
你們便在藍天舉行
萬人大合唱的音樂會
你們的磁性歌聲
完全是中國金石絲竹的奏鳴

沒有半點西洋管樂的噪音

你們小巧輕盈，歌舞雙絕
是第一流的梅派青衣
你們的金嗓子最富有水音

很久很久了
沒有參加你們的音樂會
有朝一日重返江南
我會打扮成
有幾粒青春痘的二十歲
坐上第一排的第一個座位

己未年乙亥月丁未日台北
前十九首原載「新文藝」月刊
最後「畫眉」、「雲雀」二首刊於「秋水」詩刊

台北的黃昏

凝聚了億萬年的銀河星羣
忽然一下抖落在台北街頭，抖落在市中心
我便以肉眼發現新的銀河，和它的五彩繽紛

車如甲蟲人如蟻
人蟻從那灰色的鋼筋水泥的火柴盒中傾巢而出
又一波一波地鑽進甲蟲的大肚皮
甲蟲又一個頂着一個從斑馬身上緩緩爬過

一根根的水銀燈柱可不是維也納的森林
台北街頭沒有那麼悅耳的鳥聲
那幾乎震斷每一根大腦神經的

是人蟻的啣喳和甲蟲的尖着口器的叫鳴

那揮舞着手杖在衡陽路漫步的日子呢
那趿着呱噠板在西門町踢拖的日子呢
哦，那彷彿是老聃莊周的時代了
而此刻在我們上空閃過的
不知道是那一個銀河星系的外太空船

明天我們該繞過太陽軌道
上織女座的那一個星球呢

（民國六十四年乙卯立冬初稿）
中華日報副刊

歷史的會晤

猶太小子又騎着笨象去朝拜秦始皇了
並且自鳴得意地兜售西洋縱横術
秦始皇却玩弄他於股掌之上
捏捏他的鷹鈎鼻子諷侃地說：
「小子，你晚生了兩千多年，
人奶吃得太少，牛奶也沒有喝夠
你還是三歲的小毛頭。」
然後隨手抓起一把長城脚下的黃沙
撒成迷天大霧
猶太小子與笨象馬上暈頭轉向

猶太小子騎着笨象遊到曲阜孔林

教書先生孔丘苦口婆心
向他們講道德、說仁義
笨象搖搖大耳，猶太小子嗤之以鼻

隨後他們又在函谷關碰上了騎青牛的老聃
猶太小子看看座下的大象
又睥睨一身土氣的老青牛
自負地向白鬍子的老聃說：
「我是哈佛的，今天我要和你比比高低。」

老聃把拂塵輕輕一揚說：
「飄風不終朝，驟雨不終日。
天下之至柔，馳騁天下之至堅。
其出彌遠，其知彌少。」
然後對青牛輕輕喝叱一聲

青牛揚起四蹄，載着老聃騰空而去
猶太小子和笨象傻呼呼地
望着天空，不知所以

民國六十四年乙卯冬至前七日初稿
民國六十五年丙辰立春後六日修正
65・2・1・中華日報副刊

羅馬之雲

是歡迎我這自東方連夜飛來的遠客嗎
你從愛琴海一路鋪着白色的氍毹
直鋪到古羅馬的上方

是怕我閱讀古羅馬的興亡史
還是怕我親眼看見
兩千年的人世滄桑
看哪！雪白的氍毹越鋪越厚
使我看不見叱咤風雲的安東尼大將
和荒淫暴虐的尼羅王

地中海的浪花沒有你這麼白

故國平原的積雪也沒有你這麼厚這麼輕柔
是誰的妙手掬起一海的蔚藍
灑成羅馬上空漫天的輕柔的雪白的雲霧

我眞想破窗跳出波音七四七
在羅馬上空作一次凌晨的孤獨的漫步

六六年三月於翡冷翠
中央日報副刊

羅馬之松

以亭亭之姿
撐着翠綠的傘蓋
挺立在露天劇場
挺立在安全島上
挺立在羅馬的市區中央

看過穿開襠褲的凱撒
看過騎竹馬的安東尼大將
也看過火燒羅馬的尼羅王
而他們的白骨早已化成羅馬的泥土
只有你們仍然挺立在羅馬街頭
以亭亭之姿撐起滿街的翠綠

也許拜倫患了色盲
也許羅馬正起着大霧
當他騎着毛驢巡行市區
他把你們當作柏樹

我是乘著波音七四七拜訪羅馬的
我是坐着飛雅特巡行市區的
我也用兩脚細數過羅馬的青石地
我以中國人的身份
向你們說聲：「了不起！」

六六年三月於翡冷翠
聯合報副刊

翡冷翠的女郎

歐洲文藝復興發祥地的英文名稱是佛羅倫斯（Florence），義大利文則為Firenze，徐志摩譯為「翡冷翠」，音義均佳。翡冷翠位於意大利半島中部，介於羅馬與米蘭兩大城市之間，不但是義大利的文化藝術中心，也是歐洲的乃至世界的藝術之都。是詩人但丁（Dante）、意大利繪畫之父西馬表（Cimabue）、吉奧圖（Giotto）、建築家雕塑家阿爾諾發（Arnofo）、安德烈・皮沙諾（Andrea Pisano）、董納特羅（Donatello）、馬賽克西奧（Masaccio）、以及蓋世天才米蓋朗基羅（Michelungelo）、波蒂賽理（Botticelli）等大師的家鄉，眞可以說「地靈人傑」。世界上沒有那一個國家的那一個地方出了這麼多舉世聞名的詩人、藝術家。

阿爾諾河水（Arno River）不但培養了許多大師，也孕育了更多的美人。達文西（也是翡冷翠人）的蒙娜麗莎，畫的就是翡冷翠的女人Mona Lisa，波蒂賽理的「維娜斯的誕生」（The Birth of Venus），也是翡冷翠女人的造型。如果沒有那麼多的美女，詩人、作家、畫家的靈感就會枯竭，舉世聞名的傑作就不會產生。美女在凡夫俗子的眼裏只能見其色相，而詩人、作家、藝術家却能看見她們的內心世界，因此只有在詩人、作家、藝術家筆下、刀下的美人才能永生。

英國劍橋國際傳記中心特選擇翡冷翠作爲第三屆國際文藝交流會議的地點，也是獨具匠心。會期一週我成詩三首，枯竭多年的靈感，亦拜名城之賜而曙光一現。

你們不是Botticelli筆下的
維納斯的形象
Botticelli的天才
也不能使維納斯在翡冷翠的廣場徜徉
妳們會笑會跳，秋波一轉
便寫出一首羅曼蒂克的詩章
（妳們也不是男人的肋骨造成的
妳們和男人一樣是秉天地靈氣同時而降）

阿爾諾（Arno）河水
使妳們俊俏的臉蛋白裏泛紅
翡冷翠蔚藍的天空
使妳們的眸子更藍更亮
灰色的狐皮大衣襯托出妳們的俏模樣
黑色長統馬靴踏在方形的青磚地上
敲出一陣陣悅耳的鏗鏘

山姆叔叔不願出錢供養妳們（註一）
他說妳們愛吃愛喝
又愛穿狐皮大衣和長統馬靴在街頭遊蕩
我看妳們寧願餓死
也要歪在彩色大理石堆成的大教堂門前的石階上晒晒太陽
來這兒開會的博士教授們

似乎對妳們也不會欣賞
他們不是但丁，寫不出神曲
也不是我們的商隱小杜
到死也擠不出半首錦瑟和一字輕狂
尤其是那位眼睛長在頭頂上
蓄着一圈絡腮鬍子的
來自新大陸的史太林（註二）
我敢斷定他是百分之百的現代空心佬倌
他翹起屁股走路，眼睛看在天上
縱然妳們和他摩肩而過
他也視而不見，聽而不聞
這不是妳們的悲哀
這是現代盲人對藝術珍品的大不敬

墨索里尼能使意大利的年輕男人穿上戎裝

卻不能使妳們變成潑婦模樣
但願另一隻向妳們伸過來的魔掌（註三）
也不能扭歪妳們比維納斯更多彩多姿的形象

註：㈠意大利屢次向美貸款均未成功。
㈡美國代表（Mcilhany，Sterling）。會議期間各國代表對我們均極友善，獨此人心存敵視，最後各國代表均不願與他交往。
㈢意大利共黨猖獗，罷工、示威，經常發生，一如勝利後我國大陸情形。但義大利勞工保險制度甚佳，人民不愁失業，不愁生活，而且愛好自由，厭惡共黨。但工會操在共黨手中，因此[illegible]黨仍能興風作浪。

六六・台北　新文藝月刊

翡冷翠之柳

陌上岸邊
偶爾佇立着
一位飄着綠色長裙的妙齡女郎
臨着一池春水
顧影自憐
或是迎着微風
披拂着滿頭秀髮

是難耐馬可孛羅去世後的寂寞呢
還是懷鄉病使你落落寡合
我是來自你故國江南的遊子
我見了你驀然驚喜

如果不是怕滿車的碧眼兒取笑
我眞會跳出車廂和你擁抱

你眞的不認識我嗎
不認識這來自故鄉故國的親人嗎
你見了我爲何仍然默默無語
是怪我不能將你帶回故國
帶回風光更勝翡冷翠的江南嗎
啊，綠衣女郎啊，我也不願長久流浪
我和你同樣想念着故鄉泥土的芬芳

註：傳說義大利的麵、餃子、柳樹，係由馬可孛羅自中國傳入。馬可孛羅是中義文化交流的功臣。郎世寧更是入中國則中國之。翡冷翠是歐洲文藝復興發祥地，義大利藝術家能向中國認同，豈偶然哉？

六六・台北　新文藝月刊

塞納河

你的大名早已流傳中土
爲了認識你的眞面目
我從羅浮宮走到艾菲爾鐵塔
在你的兩岸打了一個來回

早春三月，寒氣逼人
兩岸的梧桐、榆、櫸還沉睡未醒
河中的豪華遊艇也無人問津
更看不見一位畫家將你收入丹青
只有我這個異鄉人獨自行吟
金碧輝煌的建築、整齊的堤岸

使你成爲一位盛裝的巴黎婦人
自然比臺北的淡水河高貴驕矜
但比我家門前揚子江的浩瀚、壯濶、樸實
最少遜色八分

我承認你是一位巴黎的貴婦人
但你唬不倒我這個生長在揚子江邊的異鄉人。

六六・台北　新文藝月刊

六月之荷

一池的粉紅
一池的翠綠
盈盈的花朵，田田的葉
組成一季最美的構圖

何處借來畫家的丹青
何處偷來詩人的彩筆
以一池清水作底
描出岸的曲線
少女的情懷
冰清玉潔之姿

昔日愛以彩虹作橋
摘取織女座星星的少年詩人
如今快成南極仙翁了
面對著千朵萬朵的粉紅
千片萬片的翠綠
非但不能吟詩千首
反而躲進宇宙黑洞沉思

後記：與艾雯、漱菡、繁露蕭漁夫婦，在植物園歷史博物館小聚，憑窗賞荷，得閒雲野鶴之趣。適畫家何懷碩夫婦舉行書畫聯展，懷碩賢伉儷移玉相見，晤談甚歡。

民國六七・六・台北　聯合報副刊

哀吉米卡特

㈠

二十世紀的中國
起了一陣紅色的迷天大霧

三十年前
迷住了杜魯門、艾奇遜

苦瓜臉的馬歇爾
遠渡重洋、八上廬山
他以五星上將之尊扮做調人
結果他掉進了紅色的陷阱
也害慘了[redacted]中國人

更使我們六千萬同胞進了枉死城

馬歇爾灰頭灰臉地走了
白宮却以白皮書
對待避秦海上的中國人

(二)

二十年後
紅色的霧
又迷住了季辛吉和尼克森
後生小子的季辛吉
也想在中國老祖師面前玩弄「縱橫」

周恩來、毛澤東
却玩弄季辛吉和尼克森於股掌之上
他們隨手揚起長城腳下一把黃沙

騎着大笨象的季辛吉和尼克森
便雙雙暈頭轉向

㈢

現在又輪到騎着小毛驢的
布里辛斯基和吉米卡特
在老[redacted]鄧小平眼裏
吉米卡特只是一個黃口孺子
（在我眼裏吉米卡特不過是一顆長了脚的花生）
鄧[redacted]隨便跳了幾步扭扭舞
吉米卡特便張着大嘴巴傻笑
那樣子可眞有點兒受寵若驚
因此便火燒屁股般地
在一九七八年十二月十五日
[redacted]出賣了幾十年的友人
這可應了我們中國一句俗話

「賣花生不帶秤——亂抓！」

吉米卡特不但出賣花生
還到處兜售「ＵＳＡ人權」
別看他張着大嘴傻笑
他可是兩樣的價錢、雙重的標準
對好朋友强迫推銷、絕不二價
而鄧~~矮子~~先生却嗤之以鼻，哼聲「不買！」
他便龜孫子一樣，不敢吭聲

他也不敢得罪大黑熊蘇俄
因此，對索忍尼辛的忠言
不但不聽，反而唆使婦道人家
狡辯狺狺

欺善怕惡

賣花生不帶秤
這就是吉米卡特
平原鎮上的花生農人

他是一位不入流的政客
一位[illegible]曾邯鄲學步的暴君

當初他攻訐季辛吉尼克森
不見天日的外交
譁衆取寵，欺騙了全美國人
僥倖進入白宮當了美國的主人

這次他勾結敵人，出賣朋友
全美國上下却只有四個人知道
他是昨天說過的話

今天就否認的僞君子、眞小人

他不是高華德那樣講原則的政治家
也不如搞水門醜事的尼克森
（他的狗頭軍師也不如那位猶太人）
他是被鄧[redacted]牽着鼻子團團轉的玩偶
而且[redacted]的手[redacted]打[redacted]

他自以爲[redacted]演了一齣叫座的好戲
其實最丟人的還是他自己
他不但出賣了朋友
更出賣了USA的[redacted]精神

美國[redacted]是一位四肢發達的巨人
可惜配上了他[redacted]政治侏儒的小腦[redacted]

整個宇宙是一個大圓
人類世界是一個小圓
他自己不知道選擇位置
却讓鄧[redacted]佔據圓的中心
中國人的智慧加上[redacted]的邪門
那是地球上最[redacted]的敵人
毛[redacted]早就說過要埋葬美國
果然，鄧[redacted]一上台
只要了一個花招
吉米卡特就跳進他先挖好的墳坑

我不是索忍尼辛
我是從頭腦到腳跟
流着上下五千年中國文化源流的中國人

我看見你的愚昧無知
在自由世界玩火
把美國的命運
押給一個善於翻雲覆雨的[redacted]人
我不得不奉勸你兩句話：
「老弟，你還是乖乖地回到平原鎮種花生
　或是好好地唸通中國的易經和道德經」
最後我也順便告訴你
臺灣[redacted]的中國人
不是平原鎮上的花生

中華民國六十八年（一九七九）一月十八日夜作
二月五日刊於中央日報

花甲之歌

不憂不惑不懼
樂山樂水樂天
——花甲自壽聯

一個甲子六十年
地球自轉了二萬一千九百天
我生於一、生於一個圓
我繞着這個圓
走了六十度的空間
六十度的空間

有四十度的頓挫和驚險
我之沒有被震出這個圓圈之外
消失於外太空中間
那是由於生命能量的充沛
和生命結構的均衡
再加上天乙和文昌二星的維護和牽引

六十度的空間
沿着弧線一路翻滾
在我自己的軌道上
留下憂患斑斑的脚印

一個脚印一滴血汗
一個脚印一個音符
沉鬱的樂章中自有昂揚的歌聲

進行曲中也有小夜曲的輕吟

跨過了六十度空間
我以小白駒子的心情
躍進第二個六十度空間

第二個六十度空間
是六十個春天
這兒有一片桃紅柳綠的大草原

然後我將掌握圓的運行法則
繞着三百六十度空間不停地轉

跋：余生於庚申年壬午月乙未日庚辰時，己未六十虛度，中國習俗作九不作十，實有至理。蓋生命起點不在哇哇墜地，而在陰陽合一之頃刻間也。余向不重形式，因於生日獨自登山自勉，並撰「不憂不惑不懼，樂山樂水樂天。」聯，以迎第二花甲也。

無題

少年時
愛以藍天作稿紙
以楊枝作彩筆
在大草原上寫着比自己還大的字
而那些字沒有一個人認識
有人說那是詩
有人說那是少年的夢
少年心中的秘密

中年時
卻困在小小方格裡
蘸着心中的血

寫着蠅頭小字
有人說那是中年人的眼淚
中年人的故事

如今，兩鬢斑斑
再也見不到藍寶石似的天空
再也見不到一望無際的大草原
和那池邊垂柳，岸上綠楊……
詩也罷，夢也罷，故事也罷
都成了水中月，鏡中花

誰能向海底撈月
鏡中採花

往日的少年

突然舉起整瓶的「派克」
砸向那滿紙的密密痲痲
讓它變成一幅天知地知而人不識的現代畫
一首只能寫在心中的詩

己未年癸酉月壬午日台北
原載「秋水」詩刊

龍泉低語

——送子豪兄骨灰安窆龍泉墓園

民國二十八年八月，子豪兄和我同在重慶沙坪壩中央訓練團新聞研究班第一期接受新聞專業教育，畢業後又同時分發東戰場從事戰地新聞工作，並為新詩貢獻心力。來台後有幸重聚，我繼續寫詩，並先出版「自由的火燄」，其時子豪兄尚未發表詩作。我拜讀過他「海洋詩抄」原稿後，一再敦促他重揮彩筆，他終於同意。「海洋詩抄」出版後，譽滿詩壇，從此他又為台灣詩壇播種。中華文藝函授學校新詩班，他貢獻尤多。他創辦「藍星」詩刊後，無暇兼顧新詩班，新詩批改工作遂由我承乏，直到函校移轉盧克彰兄之後，我仍勉為其難，盧再轉移他人後，我便不再批改，而專心小說創作。

民國五十二年十月十日子豪兄謝世。猶憶他謝世前一年，我曾陪他去摸骨相士仇慶雲處摸骨，仇謂他壽高七十三歲，子豪兄甚喜，我心中則不以為然，因我亦略通冰鑑，知子豪兄非福壽之相，但不便明言，只勸他保重身體，自求多福。果然造化弄人，歲月悠悠，如今子豪兄謝世已十五年有奇矣。

今年詩人節，爲子豪兄骨灰安窆三峽龍泉墓園之日，我與張煦本、袁睽九、洪兆鉞諸兄以老同學身份參加葬禮，不無感觸。蓋今年爲我新研班同學畢業四十周年，在台同學正籌備慶祝，而斯人已杳，色相皆空。本擬撰文紀念，適「秋水」編者索詩，因以詩應，不計工拙也。

己未年詩人節次日

嘉陵江碧水盈盈
盈盈的碧水
載不動我們抗日的熱情
載不動中華民族的恥辱和仇恨

你是川娃子，我是下江人
基於這唯一的原因
兩顆不同軌道的流星
突然聚合在沙坪壩上、嘉陵江濱

颯颯的西風
吹着噓噓的口哨
向我們下達東征的命令
那噓噓的風聲
又彷彿一聲聲的叮嚀
在叮嚀中我們告別了多霧的山城
投進東戰場作第一線文化尖兵

生生死死，死死生生
兩顆沒有變成殞石的流星
十年後又相遇在淡水河濱
我瘦骨嶙峋
你臉上也爬滿了蛛網紋
這成了你註冊的象徵

幾次西窗夜話
你的主題總是詩和愛情
而你又只能抓住詩
却抓不住愛情
那失落了的愛情
却變成了你最好的詩魂

你微弱的聲音總是若斷若續
高興時也滿臉皺紋
而又淚眼盈盈
我知道這不是福壽之徵

我曾陪你去請教過瞎子仇慶雲
仇瞎子說你是壽星
你又笑得淚眼盈盈

但你少活了二十春
春天的手雖曾輕叩你的窗櫺
但春天總是屬於別人
你是個無福的詩人

你沒有戴過詩人的桂冠
你戴的是滿頭荊棘
你那滿臉的皺紋
却是詩人的最好象徵

你早走完了人生的旅程
如今你的靈骨也安葬在龍泉
山也青青，草也青青
青山有幸
埋葬一代詩人

最後我想問你
你可曾聽見
肅立在你面前的
諍友的心聲

附録七言絶律十首

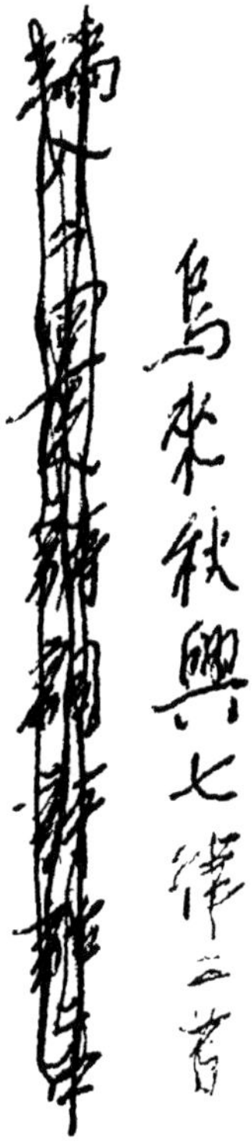

烏來秋興七律二首

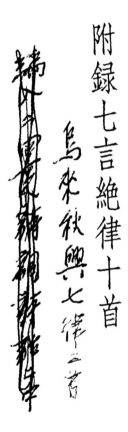

甲辰除夕感懷

瀛海棲遲十幾春
桃符又見歲華新
年年夢斷長江水
夜夜魂銷醉石津
解甲無田思五柳
賣文計字絕嬴秦
滔滔濁浪排天起
傲骨強撐一病身

詠物遣懷三首

其一

尋遍千山幾樹松
盤根直上白雲峯
蓬萊春暖多花草
不禁冰霜和雪封

其二

姹紅嫣紅處處開
惱人春色滿蓬萊
山南山北紅如火
不見寒梅一樹栽

其三

紅也妖嬈綠也芃
桃花依舊笑春風
歲寒無處尋三友
秋樹蕭蕭憶晚楓

懷舊河山五首

其一

雁落平沙水半塘
荻花翻白菊花黃
風帆點點歸舟晚
幾樹丹楓送夕陽

其二

萬里長江萬里山
匡廬不厭百回攀
漢陽五老雲中住
姊妹翩翩靄靄間

其三

一峯一寺一孤松
寺寺峯峯細雨濃

千歲老松千羽鶴
寒山夜半寺鳴鐘

其四

一丘一壑足優游
壑壑丘丘夾水流
太白樂天來更早
晚生遲到一千周

其五

西望柴桑不見家
避秦渡海逐年華
江州司馬三更淚
靖節先生五斗嗟
昨夜兩鬢猶未白
今朝雙眼已昏花
春雷何日驚龍起

故國河山處處嘉

註：余籍隸江州，早年專攻新詩，追念前賢感懷身世，來台後，因以江州司馬爲另一筆名。

壽宋鍔七十有序

宋鍔將軍，籍隸湘潭，蚤歲赴烟台習海軍，壯年膺命武官，駐節英美。勝利後返國，任海軍參謀長有年，復擢升參謀次長。運籌帷幄，恂恂儒者。今宋公七秩大慶，余忝列舊屬，其胞侄揚曜，且爲余之[redacted]至友，囑滋蕃索詩於余[redacted]，不敢辭也。因賦七律一首，[redacted]，以示賀忱。

雲鎖烟台浪逐天
鵬飛鯤化想當年
屠鯨壯志吞河嶽
使節丹心照史篇

帷幄運籌決千里
綸巾羽扇着先鞭
壽翁應解盈虛數
七十人生一半仙

烏來秋興

墨人

臺北附近的名勝，我捨陽明山而取烏來。

烏來的瀑布雖不如故鄉廬山馬尾泉的「飛流直下三千尺，疑是銀河落九天。」但在臺灣還是值得一看的瀑布，它是具體而微的馬尾泉。尼亞加拉瀑布雖然壯濶，但不如這種馬尾形的瀑布富有詩情畫意。

烏來的格局雖小，但有丘壑之勝，有點深山大澤的味道。

近年來我每年都要去一次，尤喜於平日人少的陰雨天單獨前往，以圖清靜。

處暑次日陰雨，我特別休假一天，獨自拜訪烏來。上午八點多從臺北車站出發，車過雙溪口，一路都是青山翠谷，眞個是「兩山排闥送青來」。雨中看山，更加可愛。

抵烏來時，雲霧四合，雨勢更大，雖然有傘，褲脚仍然打濕，而遊興正濃，並成「烏來秋興」七律二首：

其一

雲擁山頭霧作城，烏來仙氣此中生。
遊人不畏沾衣雨，墨客還尋瀑布聲；
流水小橋人獨立，涼亭細雨蝶相迎；
悠悠歲月知何似？山自青青鳥自鳴。

其二

烏來幾度自清游，此日登臨只爲秋。
御苑櫻花能照眼（註一），翡城古蹟數從頭（註二）；
倫敦塔內芳魂渺（註三），江戶宮中王氣收（註四）；
秋到蓬萊無秋意，漫天風雨不須愁。

註一：日本新宿御苑八重櫻大而美，繁花滿樹，十分耀眼，堪稱奇景。

註二：意大利翡冷翠爲歐洲文藝復興發祥地，古蹟甚多，繪畫雕塑美不勝收，歐洲美術雕塑建築，大多脫胎於此。

註三：倫敦塔內有斷頭台，巨斧仍在，痕跡猶新，后妃在此伏誅者有姓有名。

註四：東京原名江戶，日本皇宮在此。二次大戰之前，日人奉天皇如神明；日本戰敗之後，政體改變，實施民主，天皇爲象徵性質，毫無權力，皇宮亦開放任百姓參觀，不再視爲神聖之地。

中華民國六十六年丁巳申月臺北

亨利八世兩
均

碩落的星辰

——悼詩人文曉村

詩人如天上的繁星
而星星也有一定的壽命

上海詩人黎煥頤
如流星殞落了
是我先告訴你這不幸的新聞
因為你曾是他小屋中的客人

你坎坷的一生
一如中國的命運
而你都在朝鮮參加了
手足相殘的戰爭
也是最早在台北讀過你的「紅塵」
你又最早寫詩台北的詩人
詩人作家是雙胞胎
又是最不幸的雙子星

五十年前我寫过
「閃爍的星辰」
五十年後卻遲遲不敢寫
你這顆比我早殞落的星星
我怕我成為黎明前的孤星

二〇〇八年二月二十八日清晨瞻正

墨人博士著作書目（校正版）

書目	類別	出版者	出版時間
一、自由的火焰	詩集	自印（左營）	民國三十九年（一九五〇）
二、哀祖國	詩集	大江出版社（臺北）	民國四十一年（一九五二）
三、最後的選擇	短篇小說	百成書店（高雄）	民國四十二年（一九五三）
四、閃爍的星辰	長篇小說	大業書店（高雄）	民國四十二年（一九五三）
五、黑森林	長篇小說	香港亞洲社	民國四十四年（一九五五）
六、魔障	長篇小說	暢流半月刊（臺北）	民國四十七年（一九五八）
七、孤島長虹（全集中易名爲富國島）	長篇小說	文壇社（臺北）	民國四十八年（一九五九）
八、古樹春藤	中篇小說	九龍東方社	民國五十一年（一九六二）
九、花嫁	短篇小說	九龍東方社	民國五十三年（一九六四）
一〇、水仙花	短篇小說	長城出版社（高雄）	民國五十三年（一九六四）
一一、白夢蘭	短篇小說	長城出版社（高雄）	民國五十三年（一九六四）
一二、颱風之夜	短篇小說	長城出版社（高雄）	民國五十三年（一九六四）

一三、白雪青山　長篇小說　長城出版社（高雄）　民國五十四年（一九六五）
一四、春梅小史　長篇小說　長城出版社（高雄）　民國五十四年（一九六五）
一五、洛陽花似錦　長篇小說　長城出版社（高雄）　民國五十四年（一九六五）
一六、東風無力百花殘　長篇小說　長城出版社（高雄）　民國五十四年（一九六五）
一七、合家歡　長篇小說　臺灣省新聞處（臺中）　民國五十四年（一九六五）
一八、紅樓夢的寫作技巧　文學理論　臺灣商務印書館（臺北）　民國五十五年（一九六六）
一九、塞外　短篇小說　臺灣商務印書館（臺北）　民國五十五年（一九六六）
二〇、碎心記　長篇小說　小說創作社（臺北）　民國五十六年（一九六七）
二一、靈姑　長篇小說　小說創作社（臺北）　民國五十七年（一九六八）
二二、鱗爪集　散　文　水牛出版社（臺北）　民國五十七年（一九六八）
二三、青雲路　短篇小說　臺灣商務印書館（臺北）　民國五十八年（一九六九）
二四、變性記　短篇小說　臺灣商務印書館（臺北）　民國五十八年（一九六九）
二五、龍鳳傳　長篇小說　幼獅書店（臺北）　民國五十九年（一九七〇）
二六、火樹銀花　長篇小說　立志出版社（臺北）　民國五十九年（一九七〇）
二七、浮生集　散　文　聞道出版社（臺南）　民國六十一年（一九七二）
二八、墨人詩選　詩　集　臺灣中華書局（臺北）　民國六十一年（一九七二）
二九、鳳凰谷　長篇小說　臺灣中華書局（臺北）　民國六十一年（一九七二）

三〇、墨人短篇小說選	短篇小說	臺灣中華書局（臺北）	民國六十一年（一九七二）
三一、斷腸人	短篇小說	臺灣學生書局（臺北）	民國六十一年（一九七二）
三二、詩人革命家胡漢民傳	傳記小說	近代中國社（臺北）	民國六十七年（一九七八）
三三、心猿	長篇小說	學人文化公司（臺北）	民國六十八年（一九七九）
三四、山之禮讚	詩　集	秋水詩刊（臺北）	民國六十九年（一九八〇）
三五、心在山林	散　文	中華日報社（臺北）	民國六十九年（一九八〇）
三六、墨人散文集	散　文	學人文化公司（臺中）	民國六十九年（一九八〇）
三七、山中人語	散　文	臺灣商務印書館（臺北）	民國七十二年（一九八三）
三八、花市	散　文	江山出版社（臺北）	民國七十四年（一九八五）
三九、三更燈火五更雞	散　文	江山出版社（臺北）	民國七十四年（一九八五）
四〇、墨人絕律詩集	詩　集	臺灣商務印書館（臺北）	民國七十六年（一九八七）
四一、全唐詩尋幽探微	文學理論	臺灣商務印書館（臺北）	民國七十六年（一九八七）
四二、第二春	短篇小說	釆風出版社（臺北）	民國七十七年（一九八八）
四三、全唐宋詞尋幽探微	文學理論	臺灣商務印書館（臺北）	民國七十八年（一九八九）
四四、小園昨夜又東風	散　文	黎明文化公司（臺北）	民國八　十年（一九九一）
四五、紅塵（上、中、下三卷）	長篇小說	臺灣新生報社（臺北）	民國八　十年（一九九一）
四六、大陸文學之旅	散　文	文史哲出版社（臺北）	民國八十一年（一九九二）

四七、紅塵續集	長篇小說	臺灣新生報社（臺北）	民國八十二年（一九九三）
四八、墨人半世紀詩選	詩　選	文史哲出版社（臺北）	民國八十四年（一九九五）
四九、張本紅樓夢（上下兩巨冊）	修訂批註	湖南出版社（長沙）	民國八十五年（一九九六）
五〇、紅塵心語	散　文	圓明出版社（臺北）	民國八十五年（一九九六）
五一、年年作客伴寒窗	散　文	中天出版社（臺北）	民國八十六年（一九九七）
五二、全宋詩尋幽探微	文學理論	文史哲出版社（臺北）	民國八十九年（二〇〇〇）
五三、墨人詩詞詩話	詩詞・理論	詩藝文出版社（臺北）	民國八十九年（二〇〇〇）
五四、娑婆世界（定本）	長篇小說	昭明出版社（臺北）	民國八十八年（一九九九）
五五、白雪青山（定本）	長篇小說	昭明出版社（臺北）	民國八十九年（二〇〇〇）
五六、滾滾長江（定本）	長篇小說	昭明出版社（臺北）	民國八十九年（二〇〇〇）
五七、春梅小史（定本）	長篇小說	昭明出版社（臺北）	民國八十九年（二〇〇〇）
五八、紫燕（定本）	長篇小說	昭明出版社（臺北）	民國九　十年（二〇〇一）
五九、紅樓夢的寫作技巧（定本）	文學理論	昭明出版社（臺北）	民國九　十年（二〇〇一）
六〇、紅塵六卷（定本）	長篇小說	昭明出版社（臺北）	民國九　十年（二〇〇一）
六一、紅塵法文本	巴黎友豐（you fong）書局出版		二〇〇四年初版

附　註：

▲北京中國文聯出版社　二〇〇三年出版　大陸教授羅龍炎・王雅清合著《紅塵》論專書

▲臺北市昭明出版社出版墨人一系列代表作，長篇小說《娑婆世界》、一百九十多萬字的空前大長篇《紅塵》（中法文本共出五版）暨《白雪青山》（兩岸共出六版）、《滾滾長紅》、《春梅小史》、《紫燕》，短篇小說集、文學理論《紅樓夢的寫作技巧》（兩岸共出十四版）等書。臺灣中華書局出版的《墨人自選集》共五大冊，收入長篇小說《白雪青山》、《靈姑》、《鳳凰谷》、《江水悠悠》（為《東風無力百花殘》易名）、《短篇小說‧詩選》合集。《哀祖國》及《合家歡》皆由高雄大業書店再版。臺北詩藝文出版社出版的《墨人詩詞詩話》創作理論兼備，為「五四」以來詩人、作家所未有者。

▲臺灣商務印書館於民國七十三年七月出版先留英後留美哲學博士程石泉、宋瑞等數十人的評論專集《論墨人及其作品》上、下兩冊。

▲《白雪青山》於民國七十八年（一九八九）由臺北大地出版社第三版。

▲臺北中國詩歌藝術學會於一九九五年五月出版《十三家論文》論《墨人半世紀詩選》。

▲《紅塵》於民國七十九年（一九九〇）五月由大陸黃河文化出版社出版前五十四章（香港登記，深圳市印行）。大陸因未有書號未公開發行僅供墨人「大陸文學之旅」時與會作家座談時參考。

▲北京中國文聯出版公司於一九九二年十二月出版長篇小說《春梅小史》（易名《也無風雨也無晴》）；一九九三年四月出版《紅樓夢的寫作技巧》。

▲北京中國社會科學出版社於一九九四年出版散文集《浮生小趣》。

▲北京群眾出版社於一九九五年一月出版散文集《小園昨夜又東風》；一九九五年十月京華出版社出版

長篇小說《白雪青山》大陸版，第一版三千冊，一九九七年八月再版一萬冊。

▲長沙湖南出版社於一九九六年一月初出版墨人費時十多年精心修訂批註的《張本紅樓夢》，分上下兩大冊精裝一萬一千套。立即銷完、因未經墨人親校，難免疏失，墨人未同意再版。

Mo Jen's Works

1950 *The Flames of Freedom*（poems）《自由的火焰》

1952 *Lament for My Mother Country*（poems）《哀祖國》

1953 *Glittering Stars*（novel）《閃爍的星辰》

The Last Choice（short stories）《最後的選擇》

1955 *Black Forest*（novel）《黑森林》

The Hindrance（novel）《魔障》

The Rainbow and An Isolated Island（novel）《孤島長虹》（全集中易名爲富國島）

1963 *The spring Ivy and Old Tree*（novelette）《古樹春藤》

1964 *Narcissus*（novelette）《水仙花》

A Typhonic Night（novelette）《颱風之夜》

Ms.Pei Mong-lan（novelette）《白夢蘭》

The Joy of the Whole Family（novel）《合家歡》

Flower Marriage（novelette）《花嫁》

1965 *White Snow and Green Mountain*（novel）《白雪青山》

The Short Story of Miss Chung Mei（novel）《春梅小史》

The Powerless Spring Breeze and Faded Flowers（novel）《東風無力百花殘》(《江水悠悠》)

Flower Blossom in Loyang（novel）《洛陽花似錦》

1966 *The Writing Technique of the Dream of Red Chamber*（literature theory）《紅樓夢的寫作技巧》

Out of The Wild Frontier（novelette）《塞外》

1967 *A Heart-broken Story*（novel）《碎心記》

1968 *Miss Clever*（novel）《靈姑》

Trifle（prose）《鱗爪集》

1969 *The Road to Promotion*（novelette）《青雲路》

1970 *A Sex-change Story*（novelette）《變性記》

The Biography of the Dragon and the Phoenix（novel）《龍鳳傳》

1971 *A Brilliantly lighted Garden*（novel）《火樹銀花》

1972 *My Floating Life*（prose）《浮生記》

Selection of Mo Jen's Poems《墨人詩選》

A Heart-broken Woman（novelette）《斷腸人》

Phoenix Valley（novel）《鳳凰谷》

Mo Jen's Works（five volumes）《墨人自選集》

Selection of Mo Jen's short stores《墨人短篇小說選》

1978 *Hu Han-ming, the Poet and Revolutionist*（novel）《詩人革命家胡漢民》

1979 *The Mokey in the Heart*（i.e. The Purple Swallow renamed）《心猿》

1980 *The Hermit*（prose）《心在山林》

A Collection of Mo Jen's Prose（prose）《墨人散文集》

A Praise to Mountains（poems）《山之禮讚》

1983 *Mountaineer's Remarks*（prose）《山中人語》

1985 *My Candle Burns at Both Ends*（prose）《三更燈火五更雞》

Flower Market（prose）《花市》

1986 *A Mundane World*（novel, four volumes, over 1.9 million words）《紅塵》

1987 *Remarks on All Poems of the Tang Dynasty*（theory）《全唐詩尋幽探微》

1988 *Remarks On All Tsyr*（prose poem）*of the Tang and Sung Dynasties*（theory）《全唐宋詞尋幽探微》

1991 *The Breeze That Came From The East Last Night in My Little garden Again*（prose）《小園昨夜又東風》

1992 *Travel for Literature in Mainland China*（prose）《大陸文學之旅》

1995 *Selection of Mo Jen's Poems, 1992-1994*《墨人半世紀詩選》

1996 *I'll look upon the World*《紅塵心語》

Chang Edition of the Dream of Red Chamber《張本紅樓夢》（修訂批註）

1997 *Cherish thy guests and the Muses*《年年作伴寒窗》

1999 *Saha Shih Gai*《娑婆世界》

1999 *Remarks on All Poems of the sung Dynasties*《全宋詩尋幽探尋》

1999 *Mo Jen's Classical Poems and Prose Poems*《墨人詩詞詩話》

2004 *Poussiere Rouge*《紅塵》法文譯本

墨人博士創作年表（二〇〇五年增訂）

年度	年齡	發表出版作品及重要文學紀錄摘要
民國二十八年己卯（一九三九）	十九歲	在東南戰區《前線日報》發表〈臨川新貌〉。淪陷區著名的上海《大美晚報》隨即轉載。
民國二十九年庚辰（一九四〇）	二十歲	在《前線日報》發表〈希望〉、〈路〉等新詩作品。
民國三十年辛巳（一九四一）	二十一歲	在《前線日報》發表〈評夏伯陽〉書評等文。
民國三十一年壬午（一九四二）	二十二歲	在各大報發表〈苦難的行列〉、〈贛州禮讚〉（長詩）、〈老船夫〉、〈盲歌者〉、〈自己的輓歌〉、〈抹去那怯弱的眼淚吧〉、〈生命之歌〉、〈快割鳥〉、〈鷂鷹與雲雀〉等詩及散文多篇。
民國三十二年癸未（一九四三）	二十三歲	在各大報發表長詩〈鋤奸隊長〉、〈搜索連長〉、〈遙寄〉、〈寫在第七個七七〉、〈父親〉、〈受難的女神〉、〈城市的夜〉及〈火把〉、〈擊柝者〉、〈橋〉、〈古鐘〉、〈汽笛〉、〈山居〉、〈沙灘〉、〈夜行者〉、〈孤芳〉、〈蚊蟲〉、〈蒼蠅〉、〈園圃〉、〈陽光〉、〈深秋〉、〈贈某詩人兼寫自己〉、〈哀亡命詩人〉、〈自供〉、〈白屋詩抄〉、〈哀歌〉、〈生活〉、〈給偶像崇拜者〉、〈黃昏曲〉、〈戰書〉、〈燈下獨白〉、〈夜歸〉、〈失眠之夜〉、〈悼〉、〈殘英〉、〈補綴〉、〈復活的季節〉、〈擬戀歌〉、〈晨雀〉、〈春耕〉、〈天空的搏鬥〉等長短抒情詩。另發表散文及短篇小說多篇。

民國三十三年甲申（一九三九）	二十四歲	發表〈山城草〉五首及〈沒有褲子穿的女人〉、〈襤褸的孩子〉、〈駝鈴〉、〈無聲的哭泣〉、〈長夜草〉、〈春夜〉、〈擬某女演員〉、〈蛙聲〉、〈麥笛〉等詩及散文多篇。
民國三十四年乙酉（一九四五）	二十五歲	發表〈最後的勝利〉及〈煉獄裏的聲音〉、〈神女〉、〈問〉等長詩與散文多篇。
民國三十五年丙戌（一九四六）	二十六歲	發表〈夢〉、〈春天不在這裡〉等詩及散文多篇。
民國三十六年丁亥（一九四七）	二十七歲	發表〈冬天的歌〉、〈流浪者之歌〉、〈手杖、煙斗〉及長詩〈上海抒情〉等與散文多篇。
民國三十七年戊子（一九四八）	二十八歲	主編軍中雜誌、撰寫時論，均不署名。
民國三十八年己丑（一九四九）	二十九歲	七月渡海抵臺，發表〈呈獻〉、〈滿妹〉，及長詩〈自由的火燄〉、〈人類的宣言〉等及散文多篇。
民國三十九年庚寅（一九五〇）	三十歲	發表〈站起來，捏死他！〉、〈滾出去，馬立克！〉、〈英國人〉、〈海洋頌〉等詩。出版《自由的火燄》詩集。
民國四十年辛卯（一九五一）	三十一歲	發表〈春晨獨步〉、〈炫與殉〉、〈悼三閭大夫屈原〉、〈詩聯隊〉、〈心靈之歌〉、〈子夜獨唱〉、〈真理、愛情〉、〈友情的花朵、〈啊，西風啊！〉、〈歲暮吟〉、〈師生〉、〈往事〉、〈天書〉、〈歷程〉、〈雨天〉、〈火車飛馳在海岸涼上〉、〈帶路者〉、〈送第一艦隊出征〉等詩，及〈哀祖國〉長詩。
民國四十一年壬辰（一九五二）	三十二歲	發表〈未完成的想像〉、〈廊上吟〉、〈窗下吟〉、〈白髮吟〉、〈秋夜輕吟〉、〈秋訊〉、〈渴念，追求〉、〈寂寞、孤獨〉、〈冬眠〉、〈我想把你忘記〉、〈想念〉、〈成人的悲歌〉、〈訴〉、〈詩人〉、〈詩〉、〈貝絲〉、「春天的懷念」五首，〈和風〉、〈夜雨〉、〈臺灣海峽的霧〉等及散文、短篇小說多篇。　　出版《哀祖國》詩集。

民國四十二年癸巳（一九五三）	三十三歲	發表〈寄台北詩人〉等詩及散文短篇小說多篇。高雄百成書店出版短篇小說集《最後的選擇》，收入〈華玲〉、〈生死戀〉、〈梅蘭馨〉、〈敵人的故事〉、〈最後的選擇〉、〈蔣復成〉、〈姚醫生〉等七篇。大業書店出版長篇小說《閃爍的星晨》一、二兩冊。
民國四十三年甲午（一九五四）	三十四歲	發表〈雪萊〉、〈海鷗〉、〈鳳凰木〉、〈流螢〉、〈鵝鸞鼻〉、〈海邊的城〉、〈長夏小唱〉及散文、短篇小說多篇。
民國四十四年乙未（一九五五）	三十五歲	發表〈雲〉、〈F-86〉、〈題GK〉等詩及散文、短篇小說多篇。香港亞洲出版社出版長篇小說《黑森林》，並獲中華文獎會國父誕辰長篇小說第二獎（第一獎從缺）。
民國四十五年丙申（一九五六）	三十六歲	發表〈四月〉等詩及散文、短篇小說多篇。
民國四十六年丁酉（一九五七）	三十七歲	發表〈月亮〉、〈九月之旅〉、〈雨和花〉等詩及長篇小說《魔障》。
民國四十七年戊戌（一九五八）	三十八歲	暢流半月刊雜誌社出版長篇連載小說《魔障》。
民國四十八年己亥（一九五九）	三十九歲	發表短篇小說、散文多篇。文壇雜誌社出版長篇小說《孤島長虹》（全集中易名爲《富國島》）。
民國四十九年庚子（一九六〇）	四十歲	發表〈橫貫小唱〉等詩及散文、短篇小說多篇。
民國五十年辛丑（一九六一）	四十一歲	發表〈熱帶魚〉、〈豎琴〉、〈水仙〉等詩及短篇小說甚多。奧國維也納納富出版公司編選的《世界最佳小說選》選入短篇說〈馬腳〉，同時入選者有諾貝爾文學獎得主威廉福克納、拉革克菲斯特等世界各國名作家作品。

民國五十一年壬寅（一九六二）	四十二歲	發表〈青鳥〉、〈兩腳獸〉、〈晚會〉、〈祈禱〉等詩及短篇小說甚多。 奧國維也納納富出版公司又將短篇小說《小黃》（以江州司馬筆名撰寫者）選入《世界最佳小說選》，同時入選者有諾貝爾獎得主蕭洛霍夫，郭沫若及世界各國名作家作品。
民國五十二年癸卯（一九六三）	四十三歲	香港九龍東方文學出版社出版中篇小說《古樹春藤》。發表短篇小說、散文甚多。
民國五十三年甲辰（一九六四）	四十四歲	香港九龍東方文學社出版短篇小說集《花嫁》，收入〈教師爺〉、〈劉二爹〉、〈二媽〉、〈異鄉人〉、〈花嫁〉、〈扶桑花〉、〈南海屠鮫〉、〈高山曲〉、〈古寺心聲〉、〈誘惑〉、〈隱情〉、〈美珠〉、〈新苗〉、〈心聲淚影〉等十四篇。 高雄長城出版社出版中短篇小說集《水仙花》，收入〈水仙花〉、〈銀杏表嫂〉、〈圓房記〉、〈江湖兒女〉、〈天鵝〉、〈賭徒〉、〈搶親〉、〈黃龍〉、〈風雪歸人〉、〈花子老趙〉、〈景雲寺的居士〉、〈人與樹〉、〈過客〉、〈阿婆〉、〈馬腳〉、〈小黃〉等十六篇。 高雄長城出版社出版中短篇小說集《白夢蘭》。收入〈情敵〉、〈空手〉、〈師生〉、〈斷夢〉、〈黃昏曲〉、〈白夢蘭〉、〈平安夜〉、〈凱塞琳、萊蒙托夫與我〉、〈陽春白雪〉、〈亂世佳人〉、〈傷心之旅〉、〈白衣清淚〉、〈護士與病人〉、〈如夢記〉、〈除夕〉等十五篇。 高雄長城出版社出版《中華日報》連載的二十五萬字長篇小說《白雪青山》。 發表短篇小說、散文甚多。
民國五十四年乙巳（一九六五）	四十五歲	高雄長城出版社出版連載長篇小說《洛陽花似錦》、《春梅小史》、《東風無力百花殘》三部。 發表短篇小說、散文甚多。 省政府新聞處出版長篇小說《合家歡》。
民國五十五年丙午（一九六六）	四十六歲	是年五月赴馬尼拉華僑文教講習會講授「紅樓夢的寫作技巧」及新詩課程一個月。 商務印書館出版文學理論專著《紅樓夢的寫作技巧》，全書共十五萬字。 商務印書館出版中短篇小說集《塞外》。收入〈塞外〉、〈鬍子〉、〈百合花〉、〈天山風雲〉、〈白金龍〉、〈白狼〉、〈秋圃紫鵑〉、〈曹萬秋的衣缽〉、〈半路夫妻〉、〈百鳥聲喧〉、〈風竹與野馬〉、〈美人計〉、〈夜襲〉、〈花燭劫〉等十四篇。

民國五十六年丁未（一九六七）	四十七歲	發表短篇小說、散文甚多。小說創作社出版連載長篇小說《碎心記》。
民國五十七年戊申（一九六八）	四十八歲	小說創作社出版《中華日報》連載長篇小說《靈姑》。水牛出版社出版散文集《鱗爪集》，收入〈家鄉的魚〉、〈家鄉的鳥〉、〈雪天的懷念〉、〈秋山紅葉〉、〈學問與創作之間〉等散文七十六篇、舊詩三首。
民國五十八年己酉（一九六九）	四十九歲	商務印書館出版中短篇小說集《青雲路》。收入〈世家子弟〉、〈青雲路〉、〈空棺記〉、〈久香〉等四篇。
民國五十九年庚戌（一九七〇）	五十歲	商務印書館出版中短篇小說集《變性記》。收入〈變性記〉、〈嬌客〉、〈歲寒圖〉、〈泥龍〉、〈祖孫父子〉、〈秋風落葉〉、〈老夫老妻〉、〈恩愛夫妻〉、〈布販與偷雞賊〉、〈芳鄰〉、〈沙漠王子〉、〈沙漠之狼〉、〈世界通先生〉、〈寶珠的祕密〉、〈奇緣〉等十五篇。幼獅文化事業公司出版長篇小說《龍鳳傳》。臺北立志出版社出版長篇《火樹銀花》出版全集時易名《同是天涯淪落人》。
民國六十年辛亥（一九七一）	五十一歲	立志出版社出版長篇小說《火樹銀花》。發表散文多篇及在高雄《新聞報》連載長篇小說《紫燕》。
民國六十一年壬子（一九七二）	五十二歲	聞道出版社出版散文集《浮生集》。收入〈文藝的危機〉、〈貝克特高風〉、〈五十年華〉等散文十三篇，舊詩六首。學生書局出版短篇小說散文合集《斷腸人》。收入短篇小說〈斷腸人〉、〈薇薇〉、〈相見歡〉、〈滄桑記〉、〈恩怨〉、〈夜宴〉等七篇及散文〈文學系與文學創作〉、〈大學國文教學我見〉、〈作家之死〉等十五篇。　中華書局出版《墨人自選集》五大冊。包括長篇小說《白雪青山》、《靈姑》、《鳳凰谷》、《江水悠悠》（《東風無力百花殘》易名）及《短篇小說、詩選》（精選短篇小說二十八篇，抒情詩一〇六首），共一百五十萬字。
民國六十二年癸丑（一九七三）	五十三歲	發表散文多篇。列入英國劍橋國際傳記中心（International Biographical Centre Cambridge England）出版的《國際詩人名錄》（*International Who's Who in Poetry. 1973*）。

民國六十三年甲寅（一九七四）	五十四歲	出席第二屆世界詩人大會。 發表散文多篇。
民國六十四年乙卯（一九七五）	五十五歲	列入正中書局出版的《中華民國文藝史》（1975）。發表〈臺北的黃昏〉新詩一首及散文多篇。
民國六十五年丙辰（一九七六）	五十六歲	列入英國劍橋國際傳記中心出版的 *Men of Achievement. 1976* 發表〈歷史的會晤〉新詩及散文、短篇小說多篇。
民國六十六年丁巳（一九七七）	五十七歲	應 I.B.C 邀請於三月間赴義大利翡冷翠出席國際文藝交流大會（The 3rd I.B.C. International Congress on Arts and Communications）。會後環遊世界。發表〈羅馬之雲〉、〈羅馬之松〉、〈翡冷翠的女郎〉、〈翡冷翠之柳〉、〈塞納河〉等詩及羅馬掠影」、〈單城記〉、〈威尼斯之旅〉、〈藝術之都翡冷翠〉、〈西雅奈與比薩斜塔〉、〈美國行〉、〈江戶、皇宮、御苑〉、〈環球心影〉等遊記。 在《中國時報》發表有關中國文化論文〈中國文化的三條根〉，在《新生報》發表〈文藝界的『洋』瘋癲〉等多篇。
民國六十七年戊午（一九七八）	五十八歲	近代中國社出版長篇傳記小說《詩人革命胡漢民傳》。 列入英國劍橋國際傳記中心出版的《國際名人辭典》（*Dictionary of International Biogaphy.1978*）。《國際知識分子名錄》（*International Who's Who of Intellectual.1978*、《國際人名剪影》 *International Register of Profiles*）、《國際社會名人錄》（*International Who's Who in Community Service*），發表〈六月之荷〉詩一首。 在各報發表〈中國文化的宇宙觀〉、〈中國文化的真面目〉、〈文化、社會形態與當代文學創作（為亞洲文學會議而作）〉、〈人與宇宙自然法則〉等。 出席亞洲文學會議。　列入中華書局出版的《中華民國當代名人錄》（*Who's Who of R.O.C. 1978*）　列入行政院新聞局編印的一九七八年英文《中華民國年鑑名人錄》（*China Yearbook Who's Who*）。

民國六十八年己未（一九七九）	五十九歲	學人文化事業有限公司出版長篇小說《心猿》（《紫燕》易名）。發表短篇小說〈春〉、〈杏林之春〉、長詩〈哀吉米・卡特〉及〈山之禮讚〉五首。短篇〈客從故鄉來〉、〈人瑞〉。理論〈中國古典小說戲劇〉、〈抗戰文學的整理與再創作〉（《中央日報》）等多篇。
民國六十九年庚申（一九八〇）	六十歲	秋水詩刊社出版詩集《山之禮讚》、收集六十四年以後新詩四十四首及七言絕律詩十首。　中華日報社出版散文集《心在山林》、收集〈花甲雲中過〉、〈老當益壯〉、及抒情寫景散文數十篇。臺中學人文化事業出　版有限公司出版《墨人散文集》收集〈文化、社會形態與當代文學創作〉、〈人與宇宙自然法則〉、〈中國文化的三條根〉、〈宇宙爲心人爲本〉、〈文藝界的『洋』癇瘋〉等理論性散文數十篇。在《中央日報・副刊》發表〈紅樓夢研究的正確方向〉，《中華日報・副刊》發表〈人生六十樹常青〉，《青年戰士報・新文藝副刊》發表〈山中人語〉專欄文章〈山水之間〉、〈生命長短價值觀〉、〈寶刀未老〉、〈七進七出鬼門關〉、〈報人甘苦〉、〈杏壇生涯〉等。接受《大華晚報》採訪組副主任程榕寧兩次訪問，一爲談胡漢民生平，一爲談《易經》、《道德經》、命學，並發表〈醫學命學與人生〉專文。繼續撰寫《山中人語》專欄。
民國七十年辛酉（一九八一）	六十一歲	應臺中市《自由日報》特約撰寫《浮生小記》專欄。應行政院新聞局邀請參觀本省農漁畜牧事業單位，並在《中央日報》發表〈人在福中〉散文。接受臺灣廣播公司《成功之路》節目訪問，於四月廿七日晚八時半播出。在高雄《新聞報》發表〈撥亂反正說紅樓〉（六月十七、十八日）論文。
民國七十一年壬戌（一九八二）	六十二歲	九月赴漢城出席第二屆中韓作家會議，並在東京參加中日作家會議，曾暢遊南韓、北海道、大阪至東京名勝地區，歸後撰寫〈韓國掠影〉、〈秋遊北海道〉，發表於《中央日報》。列入中華民國名人傳記中心出版的《中華民國現代名人錄》。

		列入英國劍橋國際傳記中心出版的《傑出男女傳記》（*Men and Women of Distinction*）並附照片。 列入美國 MarQuis 公司出版的《世界名人錄》（*Who's Who in the World*）第六版。 接受義大利藝術大學授予的文學功績證書。
民國七十二年癸亥（一九八三）	六十三歲	商務印書館出版散文集《山中人語》，收集散文七十篇。
民國七十三年甲子（一九八四）	六十四歲	商務印書館出版《論墨人及其作品》上、下兩冊，包括評論文章六十餘篇。 列入義大利 Accademia Itlia 出版英、法、德、義四種文字的《國際文學史》（*The History of International Literature*）及《百科全書：當代人物（*The Encyclopadeia: Contemporary Personalities*）。 端午節（六月四日）開筆撰寫已構思準備十餘年的一百餘萬字的大長篇小說《紅塵》，年底完成初稿四十餘萬字。 十月在韓國漢城舉行的第四屆中韓作家會議，事忙未能出席，但提出一萬餘字的論文〈古典與現代〉一篇。
民國七十四年乙丑（一九八五）	六十五歲	由江山出版社出版《三更燈火五更雞》、《花市》散文集等兩本，前者收入散文、理論二十四篇，後者收入散文遊記二十七篇。 八月一日退休，專心寫作《紅塵》，於十二月底完成九十二章，告一段落，共一百二十萬字，超出《紅樓夢》十餘萬字，內有絕律詩（聯）三十一首。
民國七十五年丙寅（一九八六）	六十六歲	年初開始研讀《全唐詩》，撰寫《全唐詩尋幽探微》，十一月完成，共十二萬餘字，一面在《新聞報・西子灣》發表，並連同歷年所作絕律詩三十七首，定名爲《墨人絕律詩集》，一併交與臺灣商務印書館簽約出版。 列入美國 A.B.I.出版的 5000 Personalities of the World：英國 I.B.C.出版的 *The Intemational Authors and Writers Who's Who.*

民國七十六年丁卯（一九八七）	六十七歲	訪問考察東南亞地區、國家馬來西亞、新加坡、泰國、菲律賓、香港十七天，並出席多次座談會。 商務印書館出版《全唐詩尋幽探微》（附《墨人絕律詩集》）。 《紅塵》長篇小說於三月五日開始在（臺灣新生報）連載。 七月四、五日出席在臺北市召開的抗戰文學研討會。 八月一日出席在高雄市召開的第七屆中韓作家會議。
民國七十七年戊辰（一九八八）	六十八歲	元月二日完成《全唐宋詞尋幽探微》（附《墨人詩餘》）全書十六萬字。設於美國深受世界尊重的「國際大學基金會」（The Marguis Giuseppe Scicluna 1855-1907 Intemarional University Foundation）（Founded 1973）授予榮譽文學博士學位。
民國七十八年己巳（一九八九）	六十九歲	臺灣商務印書館出版《全唐宋詞尋幽探微》。 臺北大地出版社三版長篇小說《白雪青山》。 世界大學（World University）授予榮譽文學博士學位。
民國七十九年庚午（一九九〇）	七十歲	五月應大陸黃河文化實業公司邀請，作四十天文學之旅，與北京、上海、杭州、九江、武漢、西安、蘭州等地作家座談中華文化、文學創作，坦誠交換意見，獲得一致共識、真摯友情與尊敬，廣州電視臺並全程錄影，製作專輯播出，六月底返臺後即撰寫《大陸文學之旅》專著。 艾因斯坦國際學院基金會（Albert Einstein 1879-1955 Intemational Academy Foundation）授予榮譽人文學博士學位。 榮列英國劍橋國際傳記中心出版的IBC Book of Dedications.占全書篇幅五頁，刊登照片五張，介紹五十年創作生涯，十分翔實，篇幅之大，爲全書冠，並禮聘爲IBC副總裁。
民國八十年辛未（一九九一）	七十一歲	二月底新生報出版《紅塵》，二十五開本，上、中、下三鉅冊。黎明文化事業公司出版《小園昨夜又東風》散文集。 應香港廣大學院禮聘爲中國文學研究所客座指導教授。 《紅塵》榮獲新聞局著作金鼎獎及嘉新優良著作獎。

民國八十一年壬申（一九九二）	七十二歲	文史哲出版社出版《大陸文學之旅》。 應聘香港廣大學院中研所客座指導教授。 一月五日開筆寫《紅塵續集》，自九十三章起至一百二十章止，共四十萬字，六月十日完稿，《紅塵》全書共一百九十萬字。續集自十二月一日開始在《臺灣新生報‧副刊》連載近年，雙破長篇鉅著及連載紀錄。中國廣播公司《中廣小說選播》節目，亦於十二月一日十四時三十分，在AM657千赫第一廣播網開始播出長篇鉅著《紅塵》上、中、下三冊，由戴愛華小姐導播，集該公司播音精英，通力合作，龍老夫人一角由播音元老白銀飾演，其餘人物均爲一時之選，效果奇佳，前所未有。　北京「中國文聯出版公司」出版《也無風雨也無晴》。 墨人故鄉九江《師專學報》，於本年起開闢《墨人研究》專欄，與《陶淵明研究》、《黃山谷研究》，並稱三大專欄，甚受教育、學術界重視。
民國八十二年癸酉（一九九三）	七十三歲	十月下旬，偕《秋水》詩刊同仁涂靜怡、雪柔、麥穗、汪洋萍、風信子、林蔚穎等爲慶祝《秋水》創刊二十周年，訪問哈爾濱、北京、西安三大都市，與當地詩人座談交流，水乳交融，兩岸詩人因而建立深厚友誼。十一月初，隻身訪問昆明、探親，昆明作協主席曉雪、八十多歲老作家李喬、小說家張昆華、《春城晚報》副總編輯熊廷武、副刊主編原因、理論家教授余斌、作家湯世傑、李錦華等集會歡迎，其中多爲白族、彝族等少數民族作家，乃以雲南少數民族文化資源努力創作相勉，深獲共鳴。資深作家彭荊風，晚間並來下榻處暢談。 繼續應聘香港廣大學院中研所客座指導教授三年。 十二月新生報社出版《紅塵續集》，全書共四大冊，其實前後一貫，爲一整體，該報爲方便，乃以《續集》名之。一生心願心血得以完成，在輕、薄、短、小及商品文學獨占市場情況下，亦一大異數。北京「中國文聯出版公司出版《紅樓夢的寫作技巧》。

民國八十三年甲戌（一九九四）	七十四歲	一月開始研讀自北京購回的《全宋詩》，擬續寫《全宋詩尋幽探微》。 四月十一日接受臺北復興廣播電臺《名人專訪》節目主持人裴雯小姐訪問：談一生寫作歷程及大長篇《紅塵》寫作經過。 臺北《世界論壇報》副社長兼副刊主編詩人評論家周伯乃先生，特自五月三十一日起一連三天出版特刊，慶祝七十晉五誕辰暨創作五十五周年，除刊出〈小傳〉、〈七五人生一首詩〉、〈中國新詩與傳統詩詞的整合〉、〈叩開生命之門〉三篇新作外，並刊出蒙古族女詩人作家薩仁圖婭的〈墨人：屈原風骨中華魂〉，及馬來西亞霹靂州立女子中學校長，詩詞家、散文作家彭士麟女士論《紅塵》與大陸作家作品比較的書信，墨人著作校長，詩詞家、散文作家彭士麟女士論《紅塵》與大陸作家作品比較的書信，墨人著作目錄、美國兩個榮譽文學博士、一個人文學博士照片三張，《紅塵》獲獎照片一張，及周伯乃〈無限的祝禱〉文等。 八月七日，中國時報系的《工商日報‧讀書版‧大書坊》刊出蓓齡的《紅塵》墨人專訪文章，並配合攝影記者何日昌拍攝的墨人及《紅塵》四冊照片。 大陸廣州暨南大學中文系教授兼臺港暨海外華文文學研究中心主任、評論家潘亞暾，費時月餘撰寫《紅塵續集》論文達一萬餘字的〈偉大史詩的歸結〉，於九月二十一至二十五日在臺北市《世界論壇報‧副刊》全文刊出，見解不凡，對《續集》的成功更使他大吃一驚，因此，更肯定《紅塵》的史詩價值、地位。 八月二十八日第十五屆世界詩人大會在臺北召開，僅提出〈中國新詩與傳統詩詞的整合〉論文一篇，並未出席、論文則由《中國詩刊》主編曾美霞女士代讀。
民國八十四年乙亥（一九九五）	七十五歲	一月，臺北文史哲出版社出版《墨人半世紀詩選》（一九四二—一九九四）。 一月十日應臺北廣播電臺《藝文夜話》主持人宋英小姐訪問，許導播秀玲決定十日開播《紅塵》全書四冊，每日廣播兩次。 中國詩歌藝術學會主辦、中國文藝協會協辦，於五月二十二日在臺北市中國文藝協會舉行《墨人世半紀詩選》學術研討會，與會詩人、評論家六十餘人，討論情況熱烈，並印發海峽兩岸評論家王常新、古繼堂、古遠清、李春生、楊允達、周伯乃等十三家論文專集。各家均推崇、肯定新舊詩兩方面的成就與半個多世紀的貢獻。

		英國劍橋國際傳記中心頒贈二十世紀文學傑出成就獎。榮列一九九五年英國劍橋國際傳記中心出版的 The Definitive Book of the Deputy Directors General of the IBC.佔全書篇幅五頁，刊登照片五張，爲全書之冠。臺北圓明出版社出版涵蓋儒、釋、道三家思想的散文集《紅塵心語》。卷首有珍貴的文學照片十餘張。
民國八十五年丙子（一九九六）	七十六歲	臺北中國詩歌藝術學會出版《十三家論文》論《墨人半世紀詩選》。
民國八十六年丁丑（一九九七）	七十七歲	臺北中天出版社出版與《紅塵心語》爲姊妹集的散文集《年年作客伴寒窗》，各篇亦均以五、七言詩作題，內中作者詩詞亦多，並附錄珍貴文學資料訪問記、特寫、著作目錄等十餘篇。出任「乾坤」詩刊顧問，並主編該刊古典詩詞。完成《墨人詩詞詩話》、《全宋詩尋幽探微》兩書全文。
民國八十七年戊寅（一九九八）	七十八歲	構思六年的以佛學精義結合修行心得化爲文學創作的長篇小說《娑婆世界》，於三月二十八日開筆，十二月脫稿。共三十八章，五十多萬字。英國劍橋國際傳記中心（IBC）出版《二十世紀傑出人物》以照片配合文字將墨人傳記刊卷首重要位置，並頒發獎狀。大陸中國國際經濟文化交流促進會、燕京國際文化藝術研究會等七大單位編纂出版的《世界華人文學藝術界名人錄》，中國國際交流出版社出版的《世界名人錄》，均爲十六開巨型中文本。
民國八十八年己卯（一九九九）	七十九歲	本年爲來臺五十周年，創作六十周年，中國習俗八十歲，昭明出版社出版長篇小說《娑婆世界》。美國傳記學會（ABI）出版二十世紀《五百位有影響力的領袖》，以照片配合文字將墨人傳記刊於卷首重要位置並頒發獎狀。照片及詩詞五首編入中國《當代吟壇》巨著。　美國「世界智庫」與艾因斯坦國際學會基金會」聯合頒贈墨人傑出成就榮譽獎，以紀念千禧年，並榮列中國出版的《中華精英大全》。美國傳記學會頒贈墨人「二十世紀成就獎」。

民國八十九年庚辰（二〇〇〇）	八十歲	臺北昭明出版社陸續出版定本長篇小說《白雪青山》、《滾滾長江》、《春梅小史》；文學理論《紅樓夢的寫作技巧》，連同民國八十八年出版的長篇小說《娑婆世界》，並列爲墨人一系列代表作品，以慶祝墨人八十整壽。臺北詩藝文出版社出版《墨人詩詞詩話》。臺北文史哲出版社出版《全宋詩尋幽探微》。
民國九十年辛巳（二〇〇一）	八十一歲	臺北昭明出版社出版長篇小說定本《紅塵》全書六冊及長篇小說《紫燕》定本。
民國九十一年壬午（二〇〇二）	八十二歲	五月三日偕長子選翰赴上海訪友小住。英國劍橋國際傳記中心授予「終身成就獎」。
民國九十二年癸未（二〇〇三）	八十三歲	八月底偕夫人及在臺子女四人經上海轉往故鄉九江市掃墓探親並遊廬山。
民國九十三年甲申（二〇〇四）	八十四歲	準備出版全集（經臺北榮民總醫院檢查無任何疾病。）巴黎 you-Feng 書局出版豪華典雅法文本《紅塵》。
民國九十四年乙酉（二〇〇五）	八十五歲	此後五年不遠行，以防交通意外，準備資料。計劃百歲前開筆撰寫新長篇小說。北京「中央出版社」出版《強國丰碑》，以著名文學家張萬熙爲題刊出墨人傳略，爲臺灣及海外華人作家唯一入選者。並先後接到北京電話、書函邀請寄送資料編入《一代名家》、《中華文化藝術名家名作世界傳播錄》。
民國九十五年丙戌（二〇〇六）至民國一百年（二〇一一）——	八十六歲至九十二歲——	重讀重校全集，已與臺北市文史哲出版社簽訂出版《墨人博士作品全集》合約，民國一百年年內可以出版。此爲「五四」以來中國大陸與臺灣所未有者。